13 CONSEJOS PARA VIVIR CON BIENESTAR

Antonio Adserá Bertran

13 CONSEJOS PARA VIVIR CON BIENESTAR
Antonio Adserá Bertran

1ª edición en papel. Agosto 2021

ISBN: 9798458116268
DL nº T 865-2021

Nota del editor

Classe Q.S.L. no pretende que el contenido de este libro sea utilizado en sustitución de la orientación y tratamiento de un profesional de la salud. Ni el editor ni ningún otro personal involucrado en la producción de este trabajo puede ser considerado responsable de cualquier posible enfermedad o perjuicio sufrido como resultado de seguir los consejos o técnicas contenidas en este libro.

Índice

Prólogo

La felicidad es un tema recurrente que se trata a menudo en la filosofía, la antropología, la literatura, la cultura y las artes en general desde hace muchos siglos. Ya en la antigua civilización griega Aristóteles se interesó por la *eudaimonía* o felicidad de las personas, que la consideraba un estado de bienestar al que se llega mediante la capacidad de autorrealización. De hecho, la definición de felicidad es bastante escurridiza y esto se debe a que es un concepto que depende en gran medida de la cultura desde la que lo tratamos de estudiar. Todo ello ha llevado a que actualmente, en círculos más científicos, como la psicología, se prefiera hablar de otro concepto muy relacionado pero más fácil de estudiar, el de *bienestar*, en lugar de adentrarse en el difícil y en cierta medida ambiguo concepto de *felicidad*. En este libro he preferido obviar esta discusión y hablo indistintamente de felicidad y de bienestar, pero siempre refiriéndome a un bienestar sereno y bien fundamentado, lejos de lo superficial. Me refiero al bienestar (y a la felicidad) tal como la entiende la psicología positiva. Pero como el concepto de *psicología positiva* también se ha usado ampliamente hasta desenfocarlo en cierta medida, habrá que definir antes lo que es la psicología positiva, diciendo que es un nuevo enfoque dentro de la psicología que se centra en mejorar la calidad de vida y el bienestar de las personas, estudiando de forma científica las cualidades, conductas, actitudes y emociones positivas del ser humano y aplicando con consistencia estos conocimientos.

Recientemente escribí un libro sobre psicología positiva dirigido a psicoterapeutas (Adserá 2020 *Terapias de psicología positiva, 2ª edición*), pero me di cuenta que también tenía que escribir otro libro que fuera dirigido a la gente en general y que explicara los conceptos de forma más sencilla. El resultado es este nuevo libro, en el que trato los temas desde un punto de vista personal y con un estilo más narrativo. Este libro describe de forma amena y con ejemplos reales un conjunto de indicadores que nos pueden orientar en la búsqueda del bienestar y la felicidad. Es una ayuda para conseguir construir un marco de referencia que englobe algunas de las conductas y actitudes psicológicamente sanas que nos pueden acercar al bienestar.

1. La amistad

Tradicionalmente se ha buscado el secreto de la felicidad en la salud, el dinero, el amor, la juventud, pero ... ¡realmente ninguno de estos factores por sí mismos trae la felicidad! Las investigaciones, sin embargo, han acabado encontrando un factor que sí se relaciona muy directamente con la felicidad: es la amistad. Esto es así porque la base de la felicidad y el bienestar son los lazos afectivos que nos unen a otras personas. El ser humano es sin duda un ser social y en este contexto el poder de la amistad es enorme.

La palabra amistad tiene y ha tenido a lo largo de la historia varios significados. Es un concepto que no está bien delimitado y sobre el cual incide mucho el tipo de cultura y sociedad en la que se trate. Hay distintos tipos de amistades, desde las más románticas a las más pragmáticas. Mi opinión personal, como psicólogo pero sobre todo como persona que tiene amigos, es que hay una amistad auténtica que es sincera, noble, altruista y desinteresada. Una amistad muy alejada de aquella otra que lleva a apuntar en una agenda, al menos en una agenda mental, una lista de favores que se han hecho y que deben ser correspondidos, triste visión mercantilista que denota algo que no es amistad auténtica. Quien lleva una contabilidad de los favores que hace y los favores que le deben no disfruta de la verdadera amistad. En realidad esta distinción no es nueva en absoluto. Ya en la antigüedad el filósofo Aristóteles distinguía entre la amistad que se funda en la utilidad y la amistad que se funda en la virtud, y consideraba a esta última la única amistad que merece verdaderamente este nombre.

Sobre el tema de la amistad auténtica, la sustentada en la virtud y en los valores humanos, me fascina la interesante idea del sociólogo y periodista Francesco Alberoni (2006). Un amigo (un amigo de verdad), dice Alberoni, es alguien que te entiende y está a tu lado, alguien en quien puedes confiar y que siempre va a defender tu buen nombre. En este sentido, la amistad es una forma de amor, pero de tipo específicamente moral. La amistad es eros en su forma ética. La amistad se nos aparece de improvisto y se construye a lo largo de la vida a través de una serie de encuentros sociales con otra persona. Cada vez que dos amigos se encuentran de nuevo, aunque hayan pasado meses o incluso años, es un instante en el que renace la chispa de la amistad auténtica y que produce un indescriptible sentimiento de alegría y felicidad.

La amistad auténtica, así entendida, se diferencia claramente de lo que se consideraba amistad en otras épocas de la humanidad. En la antigua Grecia, por ejemplo, la amistad tenía mucho de compañerismo, de solidaridad entre compañeros de armas, más que de amistad demostrada mediante la pertenencia de un pequeño grupo de personas, tal como se entiende actualmente. También era habitual, en aquella época, considerar la amistad como una relación de intercambio de favores. En cambio, Aristóteles, como ya he comentado, vio la amistad como una relación desinteresada, estable y no accidental entre personas con virtud similar, como una relación entre iguales. De esta manera, decía Aristóteles, la verdadera amistad se mantiene y sobrevive por encima de cualquier accidente. Esta concepción aristotélica de la amistad sería la que luego se impondría en el mundo latino y romanizado, según se lee en la obra de Cicerón y de Séneca (Llovet 2010). ¿Y qué decir de la actualidad, en este siglo XXI globalizado por Internet? Las redes sociales son redes de conocidos, no de amigos. En mi opinión la verdadera amistad, para construirla, requiere de la interacción social e interpersonal en el mundo real, y no únicamente a través de contactos en el mundo virtual de Internet. Las "amistades" de las redes sociales de Internet, escudadas detrás de la distancia y de un cierto anonimato, pueden llegar a decepcionar y derrumbarse como un castillo de naipes cuando se les pide ayuda para resolver, en vivo, una situación de la vida real. Es algo que seguramente la mayoría de personas hemos podido comprobar alguna vez. También es cierto que en el mundo contemporáneo se ha vuelto hasta cierto punto al mercantilismo, a través de la sociedad de consumo, en lo relativo a las relaciones interpersonales, y por lo tanto, en la amistad. Puede que la amistad actual incluya un intercambio de favores, pero de favores no necesariamente con un valor económico. En realidad los mejores favores suelen ser los que están relacionados con algún contenido emocional o con un trabajo práctico, a veces con escaso valor material. Quizás con pedir ayuda para mover de lugar un mueble pesado o voluminoso, para ayudar a hacer un trabajo en el instituto o en la universidad, pedir un consejo, salir un fin de semana para hacer alguna actividad, o simplemente para estar acompañado en el tiempo de ocio.

El saber dar y recibir consejos es una de las características de la amistad actual que me parece más notable. La amistad requiere saber escuchar a los amigos, requiere cierta dosis de *feedback* en el trato y en la conversación. Pero también hay que aprender a tener criterio para distinguir los buenos consejos de los consejos no tan buenos, que de todo hay. Esta faceta de la amistad, la de dar y recibir consejos, se ha expandido mucho con las redes sociales de Internet y a través de ciertas apps para móviles, lo que hace a su vez que se amplíe considerablemente la cantidad de "amigos" que tenemos. Hasta tal punto es así, que es fácil comprobar que el dicho "los amigos de mis amigos son mis amigos" es rotundamente falso (al menos en la cultura occidental, que es la única de la que puedo hablar). La red de amigos hay que trabajarla más. Dice el psicólogo Gonzalo Hervás que invertir tiempo y esfuerzo en construir una red de relaciones sanas y con un alto grado de intimidad y confianza es una de las vías más seguras hacia el bienestar. ¿Cómo hacerlo? Siga estos cuatro consejos prácticos:

1. Dedique tiempo a cultivar la amistad. Hay que aumentar el tiempo que dedicamos y compartimos con nuestros amigos, sobre todo con los de siempre, los más íntimos, los de la adolescencia. Hay que intentar mantener el contacto; para ello el móvil (whatsapp, etc.) y las redes sociales de Internet son muy prácticas.

2. Aprenda a mejorar la comunicación y sepa escuchar a los demás. Puede ir a un taller de técnicas de comunicación, pero lo más importante es aprender a compartir mejor los sentimientos y las emociones; ¡hay que esforzarse en incrementar la empatía! Es muy probable que con todo esto logre, quizás sin proponérselo, tener nuevos amigos.

3. Sea agradecido, demuestre admiración y afecto con sus amigos. Conviene cuidar las palabras, los gestos, los sentimientos y, sobre todo, los detalles.

4. Tenga lealtad hacia los amigos, ¡esto es muy importante! Hay que apoyar a las amistades no sólo en los momentos difíciles, sino también en sus momentos de éxitos. Destierre lejos la envidia, alégrese sinceramente por los éxitos de sus amigos.

En resumen, la amistad es una forma de relación social fundada en el afecto y la afinidad, que crea vínculos afectivos sólidos. Surge al compartir intereses y actividades con otras personas y nos da estabilidad emocional. Estos vínculos afectivos son especialmente intensos cuando se producen en la adolescencia. La amistad es, pues, una fuente de bienestar. Las relaciones de amistad sinceras y francas incrementan nuestro bienestar en la vida.

2. Sentirse aceptado

Todos tenemos la necesidad psicológica de sentirnos seguros, estimados por las personas más cercanas y aceptados socialmente por los demás. Es tan importante esta necesidad de que sin la suficiente cantidad de afecto las personas podemos enfermar. ¿Pero qué es el afecto? ¿Cómo lo podemos describir y definir? El afecto, científicamente hablando, está constituido por un conjunto de experiencias anímicas y emocionales que al experimentarlas nos informan sobre la marcha de nuestra vida (Vázquez y Hervás 2009). El concepto de afecto es más amplio que el de emoción, porque incluye tanto las reacciones transitorias asociadas a estados fisiológicos (las emociones) como los estados más difusos y permanentes que influyen en nuestras experiencias vitales (los estados de ánimo). Ahora bien, lo que coloquialmente se llama afecto deberíamos denominarlo afecto positivo desde esta vertiente científica. No se trata de diferenciarlo de un afecto negativo asociado a emociones "malas", porque todas las emociones tienen una función adaptativa útil. El concepto de afecto positivo tiene que ver con el tono hedónico o placentero que conlleva esta clase de afecto y que nos acerca al bienestar psicológico. La afectividad positiva es muy amplia: es disfrutar, estar contento, mostrar interés por las cosas y situaciones de la vida, demostrar gratitud, poner entusiasmo, etc. Sin embargo, el concepto de afecto al que me referiré en este libro se acerca más a esta otra definición: el afecto es una necesidad primaria del ser humano que consiste en una ayuda completa a otra persona o ser vivo y que está constituido por las expresiones de amor, ternura, besos, caricias, abrazos y abastecimiento de las necesidades básicas, como la alimentación, el hogar, la educación, etc. Las personas somos eminentemente sociales y requerimos de esta ayuda y colaboración mutua. Sentirse querido y amado, disponiendo además de todas las necesidades básicas de la vida satisfechas, es algo fundamental que nos ayuda a sobrevivir.

El afecto no sólo determina la supervivencia a nivel individual, en el marco de la sociedad, sino que también condiciona nuestra calidad de vida y la capacidad para ser nosotros mismos los constructores de nuestro destino y felicidad. La necesidad de afecto es variable según las personas, la edad, la situación sociolaboral, el grado de dependencia, etc. Los niños, las personas enfermas y las personas mayores requieren de más afecto que los adultos en situación estable y sana. Asimismo, aquellas personas más vulnerables, inseguras y frágiles, sobre todo en la faceta emocional y afectiva, también necesitan más cantidad y calidad de afecto para progresar en la vida. Hemos de decir, sin embargo, que dar afecto es tan importante como recibirlo. El dar afecto es una experiencia positiva y gratificante, un ejercicio de autorrealización que además de ayudar a los demás nos beneficia a nosotros mismos en nuestro equilibrio psicológico y emocional. El afecto es una fortaleza humana que nos hace más fuertes y nos acerca al bienestar, ya que el dar conlleva muchas veces el recibir.

Sentirse aceptado es un buen indicador porque nos permite saber que vamos por el camino correcto en el viaje hacia el bienestar y la felicidad. En cambio, el sentirnos a menudo rechazados socialmente indica que algo no va bien y que tenemos de tratar de arreglarlo para reencontrarnos con el bienestar. Una de las cosas que puede provocar que una persona se sienta rechazada en sus relaciones sociales e interpersonales es "caer mal a la gente". A veces hay gente y personas que nos caen francamente mal y que ya a primera vista no nos gustan. Encontramos algo que no nos acaba de convencer sin saber el motivo concreto. Otras veces somos nosotros mismos los que no conseguimos gustar a los demás, sin saber muy bien la razón. ¿Por qué sucede esto? Lo primero que hay que decir es que los segundos iniciales en el contacto con otra persona determinan mucho nuestra percepción sobre cómo es esa persona y si nos gusta o no nos gusta. Esta primera impresión queda registrada en nuestro cerebro de manera instintiva y es muy difícil de cambiar posteriormente. A la hora de hacernos un criterio sobre cómo pensamos que es la otra persona, es determinante su manera de vestir, si es demasiado tímida o por el contrario es exageradamente extrovertida, su olor corporal, si lleva limpios o no los zapatos, si nos parece que es una persona sincera o no, etc. El segundo punto a tener en cuenta es que durante una conversación con otra persona, entre el 60% y el 70% de la información que se intercambia es de tipo no verbal. Es decir, es una información añadida inconscientemente que se transmite mediante los gestos, la mirada, la postura corporal y los componentes paralingüísticos de la comunicación verbal: el tono y el volumen de la voz, la fluidez, claridad y velocidad del habla, las pausas que se hacen, etc. Hay que decir que estos procesos evaluativos son en gran parte de naturaleza inconsciente. Otra cosa a tener en cuenta es que las mujeres son mucho más intuitivas que los hombres y aciertan más en las primeras impresiones, mientras que a la hora de evaluar a una persona los hombres afinan más a medio y largo plazo.

Si queremos caer mejor a la gente y sentirnos aceptados debemos esforzarnos un poco. Podemos interesarnos en mejorar las técnicas de comunicación, pero esto requiere la ayuda de un profesional, lo que quizá no está al alcance de todos. Además, no es una cuestión de formas, sino de valores. Lo que sí podemos hacer por nosotros mismos es tratar de tener una buena presencia física y ser pulcros en el vestir y en la higiene corporal, y, sobre todo, ser prudentes al hablar. La gente que cae mal, además de causar una mala primera impresión, a menudo es poco hábil socialmente. Por ejemplo, suelen caer mal las personas que de repente empiezan a hablar de su vida privada o de sus problemas, sin ser discretas. Caen mal las personas que critican a los demás, sobre todo cuando critican a un amigo u otra persona conocida que no está presente en la conversación. También caen mal las personas que sólo hablan de sí mismas y las que se dedican a explicar chismes en perjuicio de otras personas. La gente exageradamente bromista, a veces artificialmente simpática, tampoco cae bien porque se les relaciona con la superficialidad y la insinceridad. Las personas que hablan todo el rato sin dejar que hablen los demás, que se hacen pesadas y que pretenden tener siempre la razón, también pueden llegar a ser impertinentes y caer mal. Afortunadamente todos estos defectos en la comunicación y en las relaciones interpersonales se pueden corregir. Cabe decir que todos podemos aprender a tener más cuidado al conversar, claro, pero el mejor camino para caer bien es avanzar en el crecimiento personal y habituarnos a basar nuestra conducta en los valores, en la ética del carácter, según dice Stephen R. Covey (2009). Si basamos nuestro comportamiento en valores humanos sólidos, entonces estos defectos en la interacción social irán desapareciendo de forma natural. Pero como en este libro no me limito a exponer ideas, sino que trato de dar también orientaciones prácticas sobre cómo acercarnos al bienestar ya la felicidad, citaré algunas de las principales claves para caer bien a la gente, que si las seguimos nos harán tener más aceptación social. Vale la pena tener en cuenta los siguientes consejos:

— Tener cuidado del aspecto físico y de la higiene personal.

— Ser naturales y mostrarnos tal como somos.

— Sonreír a menudo, pero de forma sincera y natural (la insinceridad se delata por sí misma). Las sonrisas transmiten alegría y reflejan que la persona que sonríe tiene actitudes positivas en la vida.

— No hacerse pesado, hay que evitar cargar a los otros con nuestros problemas y preocupaciones.

— Saber escuchar y dar pie a que la otra persona hable de sí misma.

— Personalizar las conversaciones utilizando a menudo el nombre de pila del interlocutor.

— Interesarse sinceramente por los demás, esto hace que la otra persona se sienta respetada.

— Mostrar tolerancia hacia las ideas y las costumbres de las personas que tienen una cultura u opiniones diferentes a las nuestras.

Para conseguir corregir los defectos que podamos tener va bien que, además de poner fuerza de voluntad, ejercitemos dos cosas básicas: la empatía y la asertividad. La empatía es la capacidad de percibir las emociones y los sentimientos de los demás y de entender su punto de vista, de "ponernos en su lugar", vaya. La empatía es, pues, una habilidad psicológica que nos hace entender y comprender los puntos de vista de nuestro interlocutor, sus vivencias, sentimientos y convicciones. Además, tener empatía nos permite vernos a nosotros mismos desde fuera y entender, al menos parcialmente, los motivos de rechazo de los demás, si los hay. La asertividad es la habilidad personal de comportamiento que nos permite expresar y defender nuestras opiniones, pensamientos y sentimientos de forma adecuada y en el momento oportuno, sin faltar ni negar los derechos de las otras personas. Las personas con asertividad destacan porque tienen una marcada personalidad. La empatía y la asertividad no son inamovibles, todos podemos aprender a incrementarlas. Cierto es que hay personas que son por naturaleza más empáticas o más asertivas que otras, pero, como digo, si ponemos suficiente perseverancia y esfuerzo todos podemos potenciarlas en algún grado. Todo esto es importante, porque el tener empatía nos puede ayudar a ser conscientes del problema, y el tener asertividad nos puede ayudar a resolverlo. Las personas con empatía y asertividad gozan de una mente abierta, tienen sanas relaciones interpersonales ya menudo caen bien a los demás; son personas que viven con más bienestar. Pero, concretamente, ¿qué caracteriza a la asertividad? Bien, pues según el psicólogo Ferran Salmurri (2004), tener asertividad implica dominar los siguientes puntos:

— Saber expresar sentimientos y deseos, ya sean positivos o negativos, de una forma eficaz, sin sentir vergüenza y sin desconsiderar los derechos del otro.

— Saber discriminar y diferenciar entre aserción, agresión y pasividad.

— Saber percibir las ocasiones en las que la expresión personal es adecuada.

— Saber defenderse sin agresión ni pasividad, ante las conductas inapropiadas y poco cooperadoras de los demás.

Además, las personas asertivas hablan con claridad y sin vacilación, no se repiten y mantienen un volumen de voz en consonancia del mensaje que se está comunicando. Es de destacar que la habilidad de ser asertivo proporciona dos importantes beneficios: primero, incrementa la autoestima, la confianza en uno mismo y la satisfacción personal por hacer cosas. Segundo, mejora la posición social, la aceptación y el respeto de los demás. Así que, volviendo al título de este capítulo, sentirse aceptado socialmente gracias a disfrutar de un buen nivel de empatía y asertividad y de cuidar el aspecto personal, es un muy buen indicador de que vamos bien por el camino de la búsqueda del bienestar.

3. Petita y Misha

Hace años, en 1996, una pareja amiga mía que tenían un gato me propusieron que adoptara uno yo también. Yo no había tenido ningún animal de compañía pero me gustaban los gatos, más que los perros, y aunque todavía no había adoptado ninguno, apreciaba el peculiar y tranquilo carácter de los gatos. Mis amigos, Pedro y María, me dijeron que la gata de una vecina suya había tenido cachorros y que esta vecina buscaba personas que quisieran adoptar uno. Yo no estaba demasiado seguro de querer a ninguno, pero después de unos días de pensarlo acepté y los llamé por teléfono: había decidido adoptar un gatito. Esa misma tarde vinieron a mi casa con una preciosa gatita blanca que tenía pocas semanas de vida. Era de raza europea (era de la calle, vaya), tenía todo el pelo completamente blanco y unos bonitos ojos azules. Se la veía bastante curiosa y confiada, unas facetas de su personalidad que recuerdo muy bien. Hablé con mis amigos sobre qué nombre darle, pero la decisión fue bastante rápida: le puse de nombre Misha, el mismo nombre que tenía la gata de mis amigos. Después de despedirme de Pedro y María, dejé la gatita en el piso y me fui a comprar una bolsa de comida y una bandeja para poner la típica tierra granulosa para gatos. Al día siguiente llamé al veterinario para concertar una visita, para que la mirara. Me dijo que podía llevar la gatita esa misma mañana, y así lo hice. En la consulta, el veterinario abrió una ficha donde apuntar los datos de la gatita y le hizo una revisión: la palpó, le tomó la temperatura, la pesó, le miró las orejas, etc. Finalmente me dio un producto para desparasitarla y me recomendó vacunarla, algo que hice unas semanas después. Así es como una linda gatita blanca entró a formar parte de mi vida.

Misha fue creciendo y su carácter fue madurando. Me hacía mucha compañía y yo la cuidaba con gran satisfacción. Se dejaba coger y acariciar por todos. Como era curiosa y confiada, a menudo trataba de salir de casa, del piso donde vivíamos, para explorar el territorio. No le daba miedo ni la gente desconocida, ni las visitas que veían en casa ni el ruido de la calle y los coches. Cuando veía la puerta de casa abierta rápidamente escapaba escaleras arriba del edificio hasta llegar a la azotea, y entonces yo tenía que correr detrás suyo para cogerla y volverla a llevar a casa. En verano, cuando estaban las ventanas del comedor abiertas, Misha se atrevía a ir bordeando el balcón, oliendo las flores y las plantas de las macetas, sin mostrar ningún tipo de miedo a caer ni a las alturas, como es típico de los gatos. Pero una mañana de verano ¡esta placentera vida sufrió una sacudida!

Un día de verano de 1998 yo estaba mirando por la ventana el callejón que da a casa por la parte posterior del edificio. En este callejón había muchos gatos, porque no era muy transitado y tenía alrededor una zona llena de hierbas que servía de refugio a los gatos. Aquel verano una gata del callejón había tenido cachorros y les enseñaba las reglas básicas de esta vida medio silvestre medio urbana. Yo observaba curioso como los pequeños gatitos iban siguiendo a la madre por las azoteas de las casas del callejón, incluso cuando tenían que saltar alturas bastante notables para su corta edad. Ese día, sin embargo, me fijé en un pequeño gatito que estaba quieto, resignado y entristecido en un rincón de la calle. Era muy pequeño, tenía apenas unas pocas semanas. Delante suyo alguien había dejado un platito lleno de leche, pero el gatito, a pesar de tenerla a pocos centímetros, no le hacía caso y la ignoraba. A este gatito le pasaba algo, no era normal aquella triste indiferencia en un gatito que debería estar lleno de vitalidad. Después de observarlo durante unos minutos decidí bajar al callejón e ir a ver que le pasaba.

Conforme me acercaba, el gatito me miraba pero se mantenía inmóvil. Sólo cuando ya estaba junto a él y lo iba a coger fue cuando trató de huir caminando deprisa, pero el pobre gatito tenía tan pocas energías que sólo tuve que dar dos pasos largos para cogerlo sin dificultad. Entonces, cuando lo tenía en mis manos, es cuando me di cuenta de que aquel gatito tenía un ojo muy mal. Su ojo izquierdo estaba muy inflamado e infectado, seguramente el gatito había perdido la vista en ese ojo o poco le faltaba. En ese momento, con el corazón encogido, decidí que adoptaría el pobre gatito. Entonces, con el gatito en brazos fui directamente al garaje, cogí el coche y sin demora llevé el entristecido gatito a la consulta del veterinario. Cuando el veterinario vio el animalito me dijo que era una hembra, una gatita, que estaba muy deshidratada y que probablemente le quedaban pocas horas de vida. Me preguntó si realmente quería adoptar esa gatita tan desvalida y débil, porque apenas le podríamos salvar la vida si no nos dábamos mucha prisa. Como le dije que sí, que no tenía ninguna duda en adoptarla, el veterinario me dijo lo que tenía que hacer. Me dijo que fuera a comprar a la farmacia una jeringa, le sacara la aguja, la llenase de agua, la pusiese en la boca de la gatita y le hiciera beber agua a la fuerza, para rehidratarla rápidamente. También miró el ojo inflamado e infectado de la gatita y me comentó que estaba muy mal. Recetó una crema antibiótica y me dijo que se la pusiese en el ojo y que volviera a llevar la gatita a su consultorio al cabo de unos días. Yo le dije que ya tenía otra gata en casa, la Misha, y le pregunté si había peligro de contagio de la infección ocular de una gata a la otra. El veterinario, que ya sabía que yo tenía la Misha porque cada año la llevaba a su consulta para la revisión y para las vacunas, me dijo que sí que se podrían contagiar y me recomendó que mantuviera separadas la gatita de la Misha en habitaciones diferentes, a ser posible en pisos diferentes, hasta que la gatita pequeña estuviera curada. Así pues, al regresar de la consulta del veterinario dejé la gatita en un piso desocupado y vacío que mi familia teníamos en la última planta del edificio. Le dejé un bote con agua, una lata de paté y un poco de jamón de York, pero la pobre gatita aún estaba desconsolada y no quiso comer nada. Entonces hice lo que me dijo el veterinario, fui a la farmacia y compré una jeringuilla. Al volver el piso cogí la gatita y le hice beber agua mediante la jeringa. Para mi sorpresa, al poco tiempo la pobre gatita recuperó el apetito y comenzó a comer el paté que le había dejado en frente suyo. ¡Por fin recuperaba el interés por la vida!

A la gatita le puse el nombre de Petita. Aunque era una gata de la calle sin raza definida, tenía una bonita combinación de colores blanco, marrón y negro. El vientre era de color blanco y el lomo de color negro con manchas marrones. Su cara era blanca con una mancha de color negro y otra mancha de color marrón. Durante varios días estuve poniéndole crema antibiótica en el ojo infectado, pero el aspecto de su ojo era cada vez más lamentable. Al cabo de una semana, viendo que el ojo no mejoraba y la lesión ya parecía irreversible, llevé a la Petita al veterinario, a ver que se podía hacer. El veterinario la miró y me dijo que si queríamos salvar la vida de la gatita se la había de operar, extirpando el ojo infectado y limpiando todo el pus acumulado. Si no se hacía esto la gatita probablemente moriría de una infección generalizada en el cuerpo, de una septicemia. El veterinario me preguntó si estaba seguro de querer operar, porque costaba bastante dinero. Yo le dije claro que sí, no tenía ninguna duda! Mi experiencia con la Misha era bastante buena y ahora ya me había hecho la ilusión de adoptar también esta otra pequeña gatita, que tenía un carácter tan bondadoso que se hacía querer.

El veterinario, que era un excelente cirujano, la operó y afortunadamente todo fue bien. Le tuvo que sacar el ojo dañado, pero consiguió limpiar todo el pus y le puso unos puntos de sutura para coser los párpados del ojo extraído, a fin de evitar futuras infecciones; esa zona ocular quedó suficientemente protegida. Además, durante la operación el veterinario aprovechó para curar otra herida infectada que la gatita tenía en la punta de la cola, limpiándola y poniendo unos puntos de sutura. Pobre Petita, ¡era un cúmulo de desgracias!.

Tuve a Petita en el piso desocupado de la última planta del edificio el tiempo necesario para que se recuperara de la operación. Yo le llevaba comida y bebida varias veces al día y a menudo subía para comprobar cómo se recuperaba y cómo se sentía. Petita era una gata muy asustadiza. Al principio, cuando yo entraba en el piso para irla a ver, rápidamente se escondía detrás de unas cortinas, pero poco a poco me fue cogiendo confianza. Cuando finalmente se le curaron y cerraron los puntos de sutura de la operación la fui a buscar y la llevé a la consulta del veterinario, para que le sacase el resto de hilo de los puntos. El veterinario la visitó, le retiró el hilo de los puntos ya curados y comprobó que los antibióticos habían eliminado cualquier rastro de infección. Entonces me dijo que ya podía llevar a Petita a mi casa, junto a Misha. Así que todo contento cogí a Petita y volví a casa. Pero para mi sorpresa, cuando llevé a mi piso a Petita, después de aquellas semanas de "cuarentena", ¡Misha no se lo tomó nada bien! Los gatos, como muchos otros animales, tienen un marcado instinto territorial. Yo creía que debido a que Petita era una gatita muy joven, Misha la recibiría como una "madre", ya que ella era una gata adulta. Pero no, al ver a Petita la Misha se puso a soplar. De entrada la veía más bien como una competidora que invadía su territorio. Petita, en cambio, era una gatita tan tierna que enseguida trató de relacionarse con mi elegante y malhumorada gata blanca. Finalmente, después de unas horas de incertidumbre, Misha terminó aceptando a Petita, una gatita tan sociable con los gatos como asustadiza con las personas. Se hicieron amigas, quizás como hermanas (al menos eso es lo que a mí me gustaba pensar), de tal forma que cuando Misha se tumbaba en el sofá, Petita saltaba también sobre el sofá y se ponía encima suyo, lamiéndole el cuello y la cabeza (para los gatos lamerse es como acariciarse). Y Misha a menudo le devolvía los lametones. ¡Realmente Petita se hacía querer!. Misha aprendió a tolerar a la gatita, aunque por su fuerte carácter a menudo hacía al mismo tiempo una defensa de su territorio, como por ejemplo cuando Petita mordía las plantas de la sala. Tan pronto como Petita se acercaba a las plantas para morderlas, Misha saltaba del sofá donde estaba acostada y corría hacia Petita para hacerle desistir de su conducta. "¡Eh!, deja esto, son mis plantas!", debía pensar Misha. Entonces, después de haber hecho una demostración de su autoridad, volvía al sofá.

Misha era la líder y Petita siempre iba detrás suyo. ¡Tenían las dos un carácter tan diferente!. De lo que no llegué a darme cuenta, a pesar mío, es hasta qué punto la orgullosa y fuerte de carácter gata blanca se sentía incómoda compartiendo territorio, aunque fuera con una pequeña gata todo bondad. Fue pasando el tiempo y las dos gatas fueron creciendo en compañía, cada una con su almohada para dormir y con su bandeja de arena, cada gata con sus costumbres y comportamientos propios. Petita, asustadiza, siempre escondía de mis amigos y familiares cuando venían a casa, y de ninguna manera quería salir a la escalera y mucho menos a la calle. Misha, todo lo contrario, salía a mirar y a oler, curiosa, cada vez que venía alguien a casa. Como yo conocía bien esta inquietud exploradora de Misha, al volver del trabajo o de hacer algún encargo a menudo miraba dónde estaba mi gata blanca. Normalmente estaba acostada en su almohada tomando el sol, pero ... pero un día, cuando volví a casa, ¡no estaba en sus lugares habituales! La busqué en cada escondite del piso que acostumbraba a usar, y no la encontré. Entonces subí escaleras arriba del edificio, hasta la última planta, y tampoco estaba. Pregunté a los vecinos, que a veces la habían cogido al verla sola en la escalera de la casa. Tampoco la tenían. Finalmente volví a mi piso, y me di cuenta de que antes de salir a hacer un encargo había dejado las ventanas del comedor abiertas. Era verano y hacía calor. Aunque yo vivo en un primer piso, la altura entre el piso y el suelo de la calle es bastante considerable, de unos cinco metros, y por este motivo Misha nunca había saltado a la calle con anterioridad, aunque lo desease. Pero esta vez en la calle estaban haciendo obras y los albañiles habían dejado una montaña de ladrillos debajo de mi balcón. ¡Quizás Misha aprovechó este imprevisto nivel intermedio para dar dos saltos hasta llegar a la calle y escaparse de casa! En realidad no lo llegaré a saber nunca, pero lo cierto es que ese día de verano Misha desapareció de casa, se fue y no volvió. Aquello me entristeció mucho, hasta el punto que puse un pequeño anuncio en el periódico local pidiendo que si alguien veía una gata toda blanca en la calle me llamaran por teléfono. Todo fue en vano, ya no volví a ver a Misha nunca más.

Pasaron los años y Petita se hizo adulta. Esta otra gata mia era ahora muy conservadora (de hecho como siempre lo había sido, como lo son la mayoría de gatos) y le agobiaban las novedades. Particularmente le causaba una gran ansiedad cuando una vez al año la llevaba al veterinario para que le hiciera una exploración y le pusiese las vacunas. En la consulta del veterinario la gata se comportaba muy bien, se dejaba hacer, quieta y atemorizada, pero estaba tensa y no se relajaba hasta que volvíamos a casa. Una de las exploraciones rutinarias que hacía el veterinario era palparle las mamas para detectar la presencia de algún posible tumor. Todo aquello yo me lo miraba con cierta distancia, porque no me pensaba que mi gata se pudiera poner nunca enferma. Yo le compraba comida de calidad en la tienda del veterinario y la hacía vacunar cada año. El veterinario era un excelente profesional y cuidaba de la salud de mi Petita. La gata era más bien gorda y tenía un aspecto muy saludable. ¿Qué motivo había para preocuparse por una enfermedad? Un día, sin embargo, estando en casa, me fijé que Petita se lamía insistentemente el vientre. Todos los gatos se lamen el cuerpo a menudo, para limpiar y tener el pelo ordenado, pero cuando vi que la gata insistía en lamerse esa zona concreta del vientre repetidamente, la cogí y la miré y le toqué la piel: ¡tenía un pequeño bulto debajo de la piel del tamaño de un grano de arroz, junto a una de las mamas!. Yo recordaba como el veterinario, cuando la visitaba, le palpaba las mamas para tratar de detectar algún posible tumor, y eso me preocupó. Esa noche estuve dándole vueltas y más vueltas al tema, sin conciliar el sueño, hasta el punto de que Petita, que estaba sentada en un cojín a mi lado, se dio cuenta de mis preocupaciones y subió a la cama para empezar a lamerme el cuello. En una demostración de empatía se había dado cuenta de mi estado de intranquilidad y sin duda trataba de consolarme. Yo pensaba: "Pobre Petita, no estoy preocupado por mí, sino por ti". Petita ya no era una gata joven, tenía 10 años de edad, que equivale a unos 55 años de una persona. Los gatos, si la salud los acompaña, pueden vivir como mucho hasta unos dieciocho o veinte años. Y ya se sabe que a edades avanzadas, tanto en personas como en animales, las enfermedades son más probables. Al día siguiente la llevé a la clínica veterinaria, y Pedro, el veterinario, me dijo después de explorarla que aquel pequeño bulto era un tumor, pero que podía ser benigno. Había que extraerlo y enviar el tejido al laboratorio para hacer una biopsia. Me dio hora y la operó a la semana siguiente. Unos días después de la operación llegó el resultado de la biopsia. Me acerqué a la consulta y el veterinario me dijo que ¡el tumor que había extraído a Petita era benigno! Contento por la buena noticia volví a casa, respirando aliviado.

Al cabo de unos meses, sin embargo, el tumor se le reprodujo, y esta vez en varios lugares a la vez. Temí lo peor. Cada operación quirúrgica era un trauma para la gata: la larga espera en un rincón de la clínica veterinaria, la anestesia, la operación propiamente, el postoperatorio, las dos semanas de recuperación hasta que se curasen los puntos ... Yo no quería volver a operarla de ninguna manera! La llevé al veterinario y la miró. La Pequeña tenía varios tumores de mama, tenía cáncer. No se podía hacer nada, debido al número de tumores no se la podía operar.

Entristecido, me llevé la gata y fuimos a casa. En aquel tiempo la gata todavía estaba gordita y animada, no se daba cuenta de la gravedad de la situación. Los meses fueron pasando y su salud fue empeorando poco a poco. Cada vez tenía menos hambre y se iba adelgazando. Cada vez estaba más inactiva, más triste y resignada. Finalmente el cáncer hizo metástasis y se extendió a otras partes del cuerpo. Un año después, cuando el cáncer de mama era terminal con una metástasis en los pulmones que le hacía respirar con dificultad, decidí llevarla al veterinario para la eutanasia. Lo retrasé tanto como pude, me costaba mucho aceptar que mi Petita se moriría, pero el veterinario me dijo que la gata estaba muy débil y que no sobreviviría un fin de semana más; lo mejor era que muriese sedada y en paz, sin sufrir. A la hora de la eutanasia, con la gata atemorizada y quieta en la camilla de la consulta del veterinario, yo la cogía y le ponía una mano alrededor de su morro, para que oliese mi mano y se tranquilizase. Petita era tan buena gata que siempre se dejaba pinchar y hacer de todo sin quejarse. El veterinario le puso dos inyecciones, la primera para sedarla y la segunda para detener las funciones vitales. Entonces, cuando la anestesia ya le hacía efecto y Petita sentía que perdía la conciencia, me empezó a lamer la mano. Esto me emocionó mucho, porque era como si se despidiera de mí, me pareció que era su manera de darme su agradecimiento por los años que habíamos vivido juntos, aunque seguramente con sus lametones en mi mano Petita expresaba su temor por lo que vendría. Es como si se diera cuenta de que su vida se acababa. Petita murió el 17 de agosto de 2009 a la edad de 11 años. Su muerte supuso para mi una gran tristeza. La enterré en el campo, en un trozo de tierra que tengo en el pueblo.

Los animales tienen emociones y sentimientos, y también "valores", no como los valores humanos, pero un tipo de valores que los guían en su conducta. Estoy convencido de que si queremos disfrutar del bienestar en la vida, una de las cosas que tenemos que hacer es aprender a respetar tanto a las personas como a los animales. A veces no somos del todo conscientes de cómo tratamos a las personas que nos rodean. El ser humano es un ser eminentemente social y eso mismo hace que nuestras relaciones con los demás sean muy complejas. A veces es difícil darnos cuenta de cómo tratamos a otras personas porque esto a menudo está influenciado por muchos factores: el estado de ánimo, la salud propia o la de algún familiar, la situación económica, las urgencias de la vida cotidiana moderna , etc. Hay momentos en los que, como dice el dicho popular, los árboles no nos dejan ver el bosque. Observar cómo tratamos a los animales puede ser un buen indicador, porque nos permite analizar un tema complejo de nuestra personalidad, las relaciones interpersonales, a partir de otras facetas del comportamiento más fáciles de ver y de entender, como es el trato que damos a los animales. Esto nos puede ayudar a ser conscientes de que podemos mejorar nuestra capacidad de relacionarnos con los demás a partir de los valores éticos, y todo ello, al fin y al cabo, puede hacer aumentar nuestra felicidad.

4. Una sonrisa auténtica

Susana estaba en el mostrador de la tienda de ropa, atendiendo con paciencia y cordialidad a las personas que se acercaban a pedirle consejo o que querían comprar alguna prenda de ropa. Yo había ido a esa tienda a comprar unos pantalones nuevos, unos vaqueros, porque, francamente, me había adelgazado y los dos vaqueros que tenía, aparte de estar desgastados, ya me iban un poco grandes. Había encontrado unos de color azul no muy oscuro que me iban bien pero que había que acortarlos. Así que con los pantalones en la mano fui al mostrador y me puse a la cola. Justo delante de mí había un hombre de avanzada edad, de unos setenta años, hablando con la dependienta, Susana. Oí que le decía: "Señorita, ¡que amable es usted!". Susana sonrió, con las mejillas levantadas y los ojos ligeramente cerrados ...

Jaime es el charcutero de la parada del mercado central a la que suelo ir para comprar jamón de York, longaniza y salchichón. Sólo voy de vez en cuando, porque me gusta más el pescado que la carne, pero esa semana me hacía falta un poco de jamón de York. Le pedí 250 gramos de jamón, y mientras él lo cortaba a la máquina, le dije: "Este salchichón tiene realmente muy buena pinta, si no estuviera a régimen cogería uno". Jaime, con una sonrisa de oreja a oreja que le remarcaba las arrugas de madurez (o de sabiduría) de la piel, me dijo: "¡En la vida también tienes que dejar lugar a los pequeños placeres!" ...

Ana era la madre de una niña, Montse, compañera de clase de mi hijastra Katia. Ana, yo y otros padres coincidíamos en la entrada del colegio cuando íbamos a recoger a los niños y niñas por la tarde. Un día de primavera, con un sol espléndido, los niños jugaban a perseguirse corriendo por la calle peatonal de enfrente del colegio. Yo había llevado a la Katia un pequeño bocadillo y un zumo de fruta, como hacía habitualmente. Mientras daba la merienda a Katia, la pequeña Montse pasó corriendo por delante de nosotros, con tan mala suerte que tropezó con otros padres que también esperaban que sus hijos terminaran de jugar y merendar. Montse cayó al suelo e inmediatamente, con cierto desconcierto, miró a su madre, sin saber si llorar o no. Anna fue hacia ella y la cogió con una sonrisa tranquilizadora; la niña optó por no llorar, se echó a reír y se levantó ...

La sonrisa hace nuestro entorno más amable. Sonreír a menudo transmite optimismo y hace que las personas que nos rodean y nosotros mismos nos sientamos mejor. Si además, con nuestra sonrisa logramos hacer sonreír a los demás, esta afabilidad nos lleva a relacionarnos mejor y con más naturalidad con la gente que nos rodea y hacemos que se sientan a gusto a nuestro lado. Desde la psicología positiva se han hecho estudios científicos sobre los beneficios de la risa, pero la tranquila y sincera sonrisa es un camino más sutil de potenciar nuestro bienestar y el de las personas que nos acompañan en la vida, ya sea en la familia, en el trabajo, con los amigos o con quien compartimos aficiones y actividades lúdicas. La risa y las sonrisas expresan una emotividad contagiosa, ya que funcionan como un espejo: si sonreímos estamos transmitiendo amabilidad y es fácil que la persona a la que nos dirigimos sonría también. Con todo, no es necesario ni razonable forzar las sonrisas, hay que ser natural, dejar que surjan por sí mismas como consecuencia de una comunicación honesta que transmita empatía.

La comunicación facial mediante los gestos de la cara y la expresividad corporal es importante en el ser humano ya que somos seres sociales. Los primeros segundos de contacto con otra persona determinan en buena medida nuestra percepción sobre cómo es esa persona y si nos gusta o no nos gusta. Esta primera impresión queda registrada en nuestro cerebro y es muy difícil de cambiar posteriormente. Por este motivo es muy conveniente en nuestras relaciones interpersonales tener una actitud sincera, sin tratar de ocultar información a los demás. La sonrisa es una forma de comunicación gestual muy empática que nos acerca a los demás. Pero la sonrisa, para que sea efectiva, debe ser sincera, no fingida ni forzada. Una sonrisa falsa o de compromiso fácilmente se delata por sí misma. La sonrisa auténtica es como la "prueba del algodón": al igual que pasar un algodón nos hace ver si una superficie está realmente limpia, la capacidad de sonreír con naturalidad de una persona es un buen indicador de su grado de bienestar y de sociabilidad. La sonrisa auténtica o *sonrisa de Duchenne* se puede notar en que los labios retroceden, las mejillas se levantan y aparecen arrugas en la zona de los ojos. Guillaume Duchenne de Boulogne fue un neurólogo francés que en 1862 observó que una sonrisa falsa o poco sincera sólo activa los músculos de los labios y la boca, mientras que la sonrisa auténtica es una respuesta involuntaria a una emoción espontánea que además activa los músculos orbiculares que rodean los ojos. Vamos, que al sonreír de manera auténtica aparecen pequeñas arrugas en el contorno de los ojos, mientras que en las sonrisas sociales o de compromiso esto no sucede.

La costumbre de sonreír a menudo es un buen indicador de salud y de equilibrio psicológicos, es un buen punto de referencia para saber si estamos yendo por el camino que nos lleva a disfrutar de bienestar en la vida. Sonriendo mejoramos la capacidad de relacionarnos con los demás y enriquecemos nuestro círculo de relaciones interpersonales. Pero es que, además, la sana costumbre de sonreír refleja en muchos casos una alta autoestima. Sonreír con naturalidad demuestra estar en paz con uno mismo y no padecer de autocrítica excesiva. Precisamente el tener una excesiva voz interior crítica es uno de los factores que suelen causar una baja autoestima. Todos tenemos la necesidad psicológica de sentirnos seguros, competentes y aceptados por los demás. Sin embargo, las personas en situación de baja autoestima no tienen los recursos psicológicos suficientes para satisfacer estas necesidades y entonces recurren a la crítica para rebajar su ansiedad, los sentimientos de rechazo, etc. Es un círculo negativista. Una baja autoestima puede llevarnos a tratar con excesiva severidad y falta de tacto a los demás y esto se puede reflejar, entre otras cosas, en una falta de sonrisas y de risa en las relaciones sociales. La falta de sonrisas es un indicador de que algo no va bien. Si usted se pregunta si está yendo por el buen camino en la búsqueda del bienestar, aquí tiene pues un excelente indicador: la capacidad y la sana costumbre de sonreír señala que se avanza por el buen camino hacia el vivir con más felicidad.

5. Reír es bueno para el cuerpo y para la mente

Desde hace décadas se viene constatando, cada vez con más estudios científicos, la relación que existe entre el sentido del humor y la salud física y mental. Se está comprobando que el sentido del humor y la risa pueden beneficiar la salud, tanto física como psicológica. Hay estudios ya clásicos del Dr. William Fry y el profesor Lee Berk sobre los beneficios de la risa para la salud corporal (Fry 1992; Berk et al. 1989). Se ha comprobado que la risa estimula los órganos vitales, promueve la relajación muscular, estabiliza la presión sanguínea, oxigena la sangre, reduce el dolor e incluso potencia el sistema inmunológico. Los beneficios psicológicos de la risa también son muchos. Parece cierto que el buen humor actúa como una válvula de escape y de seguridad en nuestro psiquismo, de tal forma que nos libera de tensiones, neutraliza las preocupaciones, nos relaja y nos permite olvidar temporalmente los problemas. El sentido del humor y la risa son muy saludables porque suponen tener una actitud lúdica y optimista a la vida y nos hacen ver los problemas desde una óptica más positiva. También nos ayudan a mantener unas expectativas constructivas cara al futuro.

Hace cierto tiempo me hicieron una entrevista sobre la risa. Las preguntas fueron bastante interesantes, las pongo a continuación con las respuestas que di:

¿Por qué podemos afirmar que la risa es saludable?

Reír con asiduidad trae muchos beneficios, tanto físicos como psicológicos, y también favorece las relaciones interpersonales.

¿Qué tipo de beneficios físicos aporta?

Estabiliza la presión sanguínea, oxigena la sangre, estimula los órganos vitales, promueve la relajación de los músculos, reduce la cantidad de hormonas segregadas en situaciones de estrés, reduce el dolor, e incluso potencia el sistema inmunológico.

Y a nivel psíquico y emocional, ¿qué nos aporta?

Con buen humor se piensa mejor, más positivamente, y en general los buenos sentimientos amplían nuestro horizonte intelectual. Reír ayuda a resolver los problemas con mayor eficacia. Aporta vitalidad y energía. Es un estímulo eficaz contra el estrés, la depresión y la tristeza, y estimula los comportamientos positivos: juego, aprendizaje, interacción social.

¿Por qué nos entra la risa en situaciones delicadas?

Esto tiene que ver con el cerebro emocional. Además del cerebro racional, que trabaja mediante la comprensión de las situaciones (es un proceso lento), los seres humanos y otros animales avanzados tenemos un cerebro emocional, que opera con rapidez y a veces desborda y se anticipa al lento cerebro racional. De esta manera podemos reír espontáneamente en situaciones que tienen una fuerte carga emotiva.

¿La risa puede ayudar a superar malos momentos?

Sí, reír nos hace ser más optimistas. Cuando vienen las dificultades las personas de carácter optimista ponen en marcha unas expectativas positivas que a la vez las empujan a esforzarse en superar estas dificultades y conseguir los objetivos propuestos. Las personas pesimistas, por el contrario, al mantener unas expectativas desfavorables reducen el esfuerzo y no llegan a alcanzar sus objetivos.

¿Cómo debe ser esa risa para que sea beneficiosa?

Hay que reír con todo el cuerpo, no sólo mediante la cara, se ha de reír desde el vientre, liberándonos de las inhibiciones. También conviene aprender a reír con naturalidad y asiduidad, sin necesidad de tener grandes estímulos externos.

¿Qué mecanismos intervienen en la risa?

En primer lugar hay que decir que la risa no es algo simple, es un proceso emocional-cognitivo de gran complejidad. Biológicamente, al reír se produce la activación de los circuitos neurológicos dopaminérgicos del sistema límbico. Cabe destacar que el profesor Lee Berk (Universidad Loma Linda, USA) investigó sobre cómo la risa hace que el cerebro segregue beta-endorfinas, unas hormonas naturales que reducen el dolor y recuperan el organismo. Son analgésicos naturales que generan sensaciones de placer.

¿Con qué emociones podemos relacionar la risa?

Con la alegría y con los estados de ánimo positivos, como el optimismo. La empatía (la capacidad de percibir las emociones de los demás y de entender su punto de vista) también puede llevarnos a reír, porque la risa es un proceso emocional contagioso cuando estamos en grupo.

Reír es una expresión emocional innata y universal en el ser humano. Los bebés empiezan a reír a los cuatro meses. Cierto es que hay personas con más aptitud que otras respecto al sentido del humor, pero en algún grado todos podemos aprender a desarrollar esta muy sana habilidad. Y es que a medida que vamos aprendiendo a reír con más facilidad y asiduidad, la visión que tenemos de la vida se vuelve más optimista. La risa fomenta muchas emociones sociales positivas: la empatía, la sinceridad, la alegría, el interés por las personas, la cordialidad, el afecto y el amor. Y cultiva indirectamente otras virtudes que nos ayudan a tener una vida activa: la esperanza, la vitalidad, la motivación, el optimismo, la perseverancia y la creatividad. Vale la pena tratar de desinhibirse, porque la risa transmite un estado de humor alegre y positivo y permite que nos relacionemos mejor con las otras personas. La risa también facilita la amistad, algo que a la vez está muy relacionado con el bienestar subjetivo que nos parece tener en la vida.

Para potenciar nuestra capacidad de reír, con asiduidad y naturalidad, podemos ir a un taller de risoterapia. La risoterapia es una técnica de grupo que mediante juegos y conductas alegres trata de cambiar a mejor nuestra forma de percibir las situaciones de la vida. Es bidireccional en el continuo mente / cuerpo: 1) va de fuera adentro, haciendo reír mediante juegos y ejercicios físicos de contacto, para promover un estado mental alegre y de placer; 2) va de dentro a fuera, utilizando estrategias y habilidades mentales que enseñan a interaccionar con las otras personas con más alegría y bienestar. Lo que se puede aprender en un taller de risoterapia es, entre otras cosas, lo siguiente:

— Cambiar nuestra forma de pensar mediante estrategias y habilidades para tener un mejor sentido del humor. No a reír de todo y en cualquier momento, sino a aprender a percibir las cosas de la vida de una forma más alegre.

— Darnos cuenta que las situaciones de la vida no nos afectan por lo que son, sino por lo que representan para nosotros.

— En una situación dada, ver otras posibilidades más alegres y beneficiosas, no quedarnos con el primer pensamiento decepcionante.

— Desdramatizar las situaciones de la vida y tener un espíritu optimista.

— Aprender a reír con todo el cuerpo, no sólo mediante con la cara. Hacerlo desde el vientre de manera desinhibida.

— Conseguir reír sin necesidad de tener grandes estímulos externos que provoquen la risa.

Para ver ejemplos prácticos de cómo se realiza un taller de risoterapia se pueden ver vídeos en YouTube. También hay libros sobre risoterapia que incluyen un DVD.

Otra manera de practicar la risa como actividad social es ir al circo, si tenemos la oportunidad de hacerlo cuando un circo visite la población en donde vivimos. Reír en compañía de otras personas es muy saludable. Los payasos tienen la habilidad de dar un punto de vista alegre a las situaciones de la vida cotidiana, que a veces son absurdas y contradictorias, lo que precisamente da pie a la hilaridad. Los payasos son capaces de hacernos olvidar los problemas y darnos una pincelada de optimismo que puede incrementar el bienestar e incluso la salud. Esto es particularmente cierto en el caso de los payasos hospitalarios. Hay ONGs de payasos que visitan a los niños en los hospitales para hacerles olvidar por un momento su enfermedad e incluso ayudarles a hacerle frente con un espíritu de esperanza, optimismo y alegría. En mi tierra están los Pallapupas, que, en palabras suyas, "*es una asociación, sin ánimo de lucro, que trabaja en los hospitales y centros sociosanitarios para mejorar la calidad de vida de los niños, jóvenes y ancianos enfermos y estar presentes en los procesos médicos dolorosos para aliviarlos. Pallapupas humaniza la salud teniendo en cuenta el aspecto emocional del enfermo y conciencia sobre la enfermedad infantil, atreviéndose a hablar sin el estigma social que la caracteriza*". Puede saber más sobre esta ONG visitando su web http://pallapupas.org

Como dice la sabiduría popular, reír es una medicina, que además de ser gratuita, no tiene efectos secundarios adversos. Es también uno de los mejores indicadores que tenemos para saber cómo va nuestra vida en la búsqueda del bienestar. Si alguien nos pregunta de pronto: "¿Eres feliz?", quizás no sabremos responder de forma rápida y espontánea. La introspección emocional, el tener conciencia de los propios estados de ánimo, no es fácil en absoluto. Pero esta pregunta sobre si somos felices la podremos responder mejor si la convertimos en una serie de preguntas más concretas sobre nuestra conducta: "¿Veo las situaciones de la vida con optimismo?", "¿Me implico en las cosas que hago?", "¿Soy leal a mis amigos (y conmigo mismo)?". Y, claro, haciéndonos la pregunta clave de este capítulo: "¿Me es fácil reír con naturalidad?".

6. Sea proactivo

En mi trabajo he aprendido con el tiempo a detectar a las personas que son proactivas, en la forma que explica Stephen R. Covey (2009). Son personas que sin que se lo tengas que pedir hacen siempre un poco más, se preocupan sinceramente de que su trabajo esté bien hecho, se esfuerzan siempre un poco más de lo que pide la situación laboral o contractual. Tienen criterio propio y no dudan en proponer una mejora si les parece que así el trabajo estará más bien hecho. Suelen ser personas honestas, valoran los hechos con objetividad y tienen un notable sentido de la justicia. Cuando descubro una de esas personas proactivas me lo apunto en la agenda, por si en el futuro necesito de nuevo sus servicios. Las personas proactivas no abundan, son un auténtico tesoro.

Juan es el jardinero que me arregla varias veces al año el trozo de tierra que tengo en El Catllar, un pequeño municipio cerca de la ciudad donde vivo, Tarragona. En esta pequeña finca tengo un gran pino, muy firme, y varios árboles frutales, pequeños pero que ya me dan fruta: dos cerezos, un ciruelo, dos albaricoqueros, dos naranjos, tres mandarinos y un limonero. También tengo una higuera y cuatro moreras. Cada invierno, hacia enero, Juan me poda los árboles, especialmente la higuera y las moreras. Y a principios de verano, hacia finales de junio, vuelve a venir a la finca para recortar todas las hierbas que han crecido en la primavera; es un trabajo que le ocupa toda una mañana. Aunque utiliza una desbrozadora a motor, la finca, que tiene unos 1.400 m2, es lo suficientemente grande para que le haga falta un ayudante, así que el día que tiene que desbrozar las hierbas trae un trabajador y una segunda desbrozadora. Juan es muy buen profesional, sabe hacer su trabajo de jardinero y lo hace bien y a gusto. Es proactivo y lleva su negocio de jardinería con eficacia. El ayudante que viene con él no es siempre el mismo, supongo que Juan tiene la disponibilidad de escoger entre varios trabajadores según la época del año y las circunstancias, así que a veces la persona que la ayuda no es la misma que la del año anterior. Un año, en junio de 2009, trajo como ayudante un joven extranjero inmigrante, Stefan, procedente de un país del este de Europa. Cuando vinieron a mi finca, Stefan demostró ser particularmente eficiente; al cabo de una hora de verlo trabajar yo ya me había dado cuenta de que era una persona proactiva y excepcionalmente valiosa.

Mientras Juan y Stefan hacían ir las desbrozadoras yo ayudaba con el rastrillo y la horca. Con el rastrillo iba haciendo montículos de paja arrastrándolo a ras de suelo, y después, con la horca, juntaba los pequeños montículos de hierba cortada para hacer uno más grande. Mientras trabajaba yo iba escuchando y observando a Juan y a Stefan. Este chico manejaba la herramienta de tal forma que tenía cuidado de que alrededor de los árboles frutales quedas limpio de hierbas, pero sin que el tronco del árbol quedara dañado y herido por el girar rápido del hilo de plástico de la desbrozadora. También vigilaba de no romper los tubos del riego por goteo, lo que es relativamente frecuente que suceda cuando se va con prisas y sin tener suficiente cuidado; el problema de hacer un trabajo mal es que después tienes que arreglar los desperfectos. Pero Stefan, sin duda, conocía bien su oficio y ponía interés. Trataba de pasar la desbrozadora a la altura adecuada para dejar las hierbas cortadas a ras de suelo e iba avanzando por la superficie de la finca de manera ordenada y sistemática. Al acabar de pasar la desbrozadora me preguntó si quería que cortara las hojas secas de cuatro palmeras no muy grandes que había en la parte baja de la finca. Yo le dije que sí, claro, me interesaba que la finca quedara suficientemente ordenada y limpia. Y él no sólo quitó las hojas de palmera que le indiqué, sino que además cortó otras hojas a medio secar que según su buen criterio también convenía sacar. Después cogió el rastrillo y se puso a arrastrar la hierba seca que había cortado con la desbrozadora, haciendo montones que situaba de tal manera que después fuera más fácil cargarlos en el camión para transportarlos al centro de recogida de residuos. Stefan no pasaba el rastrillo de cualquier manera, sino que para cada zona lo pasaba y lo volvía a pasar hasta que el suelo quedaba bastante limpio de paja. Lo que me llamó la atención es que este chico hacía todos los trabajos por iniciativa propia, sin que Juan, su jefe, tuviera que estar encima teniendo que decir en cada momento que hacer y cómo hacerlo. Por el trato y por el comportamiento se le veía una persona honesta, sincera y responsable. No conozco como es este chico en su vida privada, pero si en su vida cotidiana muestra tanta proactividad como lo hace en el trabajo, sin duda debe gozar de una alta autoestima y una buena capacidad en las relaciones interpersonales.

Ser proactivo, como dice Stephen R. Covey, implica mucho más que saber llevar la iniciativa, significa que como seres humanos, las personas somos responsables de nuestras propias vidas. Nuestro comportamiento depende de nuestras decisiones y no de nuestras condiciones. En la vida podemos estar condicionados por muchos factores: las dificultades económicas, la pérdida del trabajo, los problemas de salud o la distancia de familiares y amigos. Pero al fin y al cabo es responsabilidad de cada uno el subordinar los comportamientos a los valores. La gente proactiva da prioridad a los valores. Reconocen su capacidad en la conducción de su vida y no culpan de su comportamiento ni a las circunstancias ni los condicionamientos que se encuentran en la vida. Cuando nos dejamos condicionar por hechos externos entonces nos volvemos reactivos, que es todo lo contrario a ser proactivo. La gente demasiado reactiva a menudo vive sufriendo y preocupada por todo lo que les rodea, por cosas que no dependen de ellas mismas. Cuando hace buen tiempo se sienten bien, pero si hace mal tiempo se sienten tristes. Si su maestro en el instituto les pone una nota floja se sienten desanimados y si les pone una nota alta se sienten muy contentos. Si un compañero de trabajo les grita se enfadan, pero si un compañero de trabajo les loa se sienten felices. Las personas que viven reactivamente suelen estar preocupadas por las conductas de los demás y por las situaciones de la vida que no pueden controlar. Es un camino que lleva a la infelicidad y la debilidad. Las personas proactivas, en cambio, se guían por valores, por los valores humanos de la ética del carácter que llama Covey: la integridad, la humildad, la fidelidad, la templanza, el coraje, la justicia, la paciencia, la simplicidad, la modestia, etc. Una persona proactiva sabe hacer que sus sentimientos y comportamientos dependan de sus valores y de su estado interno, de su autoestima. Esto es fácil de entender: si nos comportamos en la vida con coherencia y de acuerdo con estos valores que hacen de "faros", entonces estaremos en paz con nosotros mismos y con las personas que nos rodean. Nuestro estado de ánimo no dependerá de lo que digan o hagan los demás, no necesitaremos su aprobación para valorarnos. Si somos trabajadores y honestos y nos esforzamos en estudiar en el instituto o en rendir bien en el trabajo, no importará si en un examen concreto sacamos una nota floja o un trabajo no nos sale bien. Lo importante es que nos hemos esforzado de acuerdo con unos valores sólidos y que en un camino de perseverancia la próxima vez lo haremos mejor. Las personas proactivas viven positivamente y no dejan que los sentimientos de culpa sin sentido les impidan ser felices. Dice Stephen R. Covey que todos somos proactivos por naturaleza. Si nos volvemos reactivos en la vida es porque así dejamos que pase, consciente o inconscientemente. Esforzándonos en ser proactivos conseguiremos que nuestros comportamientos y sentimientos estén basados en valores y no resulten conducidos por estímulos externos, sean físicos, sociales o psicológicos. Siendo proactivos disfrutaremos de una vida con más felicidad y bienestar.

7. Afronte los problemas activamente

Ser proactivo suele ir de la mano con la capacidad y la firme determinación de afrontar los problemas que se nos presentan en la vida. Pero no todo el mundo es igual ni se toma las dificultades de la misma manera. Según los investigadores Christopher Peterson y Martin Seligman (1987), las personas pesimistas piensan que las causas de los problemas son internas, que los malos sucesos durarán siempre y que los problemas afectan globalmente a la persona, con lo que tienden a abandonarlo todo ante una adversidad parcial o temporal. Todo lo contrario piensan las personas optimistas, que mantienen estilos explicativos positivos del tipo: "el problema ya pasará, puedo manejarlo bien, no ha sido culpa mía, no tiene por qué condicionar mi vida". Y es que un mismo hecho puede interpretarse con dos estilos explicativos diferentes: uno positivista y optimista, y el otro negativista y pesimista. ¿En cuál de estas dos perspectivas vitales se sitúa usted?

Actuar, mostrarse activo y no dejarse intimidar por los problemas que podamos tener en la vida es algo que las personas podemos aprender, y que de hecho aprendemos, cuando tenemos que hacer frente a una adversidad. Para entender mejor cómo se consigue este aprendizaje, destacaré algunos conceptos relacionados con la capacidad de superación personal. Los que considero más importantes son los siguientes:

Actitud positiva

Las actitudes son predisposiciones y formas habituales de sentir, pensar y actuar según los valores de la persona. La actitud positiva implica estar predispuesto a encarar los problemas para intentar resolverlos y a ver las cosas con optimismo y esperanza.

Afrontamiento

El afrontamiento consiste en tratar las situaciones estresantes como problemas a resolver y no evitar.

Resiliencia

La resiliencia es la capacidad de una persona para resistir y seguir progresando en la vida a pesar de sufrir experiencias traumáticas, condiciones de vida difíciles o enfermedades que pueden llegar a ser graves.

Optimismo

El optimismo es un estado de ánimo orientado hacia el futuro que nos hace ver y evaluar las cosas en su faceta más favorable.

Crecimiento personal

Es la determinación y el esfuerzo que pone una persona para desarrollar sus potencialidades con el objetivo de crecer y expandirse como ser humano.

Perseverancia

Capacidad para implicarse en conseguir las metas propuestas, luchando con tenacidad para superar los obstáculos y las dificultades que van surgiendo. La perseverancia está muy relacionada con la fuerza de voluntad, la paciencia y la constancia.

Proyecto de un mismo

Elaboración y construcción que una persona hace de su propia vida y de su personalidad, con el objetivo de dar sentido a su existencia y conseguir unos objetivos personales. El proyecto de uno mismo, si es positivo, suele conllevar la autorrealización.

Vitalidad

Patrón de conducta que muestran las personas que viven el día a día de forma activa y con energía. Facilita la vitalidad el seguir una dieta equilibrada, hacer ejercicio físico regularmente, reír con asiduidad, dormir bien por las noches y participar en actividades creativas.

Responsabilidad

Capacidad de comportarse con sensatez, sentido común y de acuerdo con las normas, con el fin de cuidarse uno mismo y cuidar a las personas que se tiene a cargo. La responsabilidad está muy relacionada con la madurez de la personalidad.

Vemos que la capacidad de afrontamiento de problemas está compuesta en realidad por un conjunto de actitudes, comportamientos y rasgos de la personalidad bastante multifacético y complejo. Pero todos tienen en común que miran hacia adelante, reman en la misma dirección, tienen la virtud de ayudar a superar los bloqueos y la pasividad. Aquí el lector puede objetar con mucha razón: "Sí, lo entiendo, pero en la práctica, ¿cómo se consigue esto?". No es tan fácil llevarlo a buen puerto, y sobre todo, no es fácil en absoluto empezar este camino de superación. Porque una cosa que a menudo dificulta el ser proactivo y afrontar con decisión y optimismo los problemas de la vida son las depresiones y las alteraciones del estado de ánimo. Cuando nos enfrentamos a un problema importante en la vida, a veces perdemos puntos de referencia, puntos de apoyo con los que anteriormente contábamos, y que sin ellos podemos quedar afligidos y caer en un estado de desolación. Ante este tipo de situaciones hay que pasar del pesimismo al optimismo, de los bloqueos a la acción. Para ello, lo primero que hay que aprender es a poner a punto el *motor psicológico* de arranque y puesta en marcha de la conducta. Esto, en lenguaje más llano, significa que ante los estados de ánimo depresivos debemos entrenar a ponernos en marcha repetidamente: una vez, y otra, y otra, y otra vez, con perseverancia. Hay que avanzar poco a poco, dando pequeños pasos y consolidando el progreso que se consigue en cada paso. A esta técnica psicoterapéutica la llamo *Terapia de Microestadios de Bienestar* (Adserá 2012).

La *Terapia de Microestadios de Bienestar* para tratar estados depresivos consiste en consolidar el bienestar de la persona afectada mediante pasos fáciles, con pausas frecuentes, sin prisas, gradualmente, con muchas paradas. Esta terapia se basa en los siguientes puntos:

A) La persona debe implicarse y comprometerse en el quehacer de la vida cotidiana.

B) Se puede dividir una tarea en muchos pasos, tan pequeños como sea necesario.

C) En la realización de la tarea, entre paso y paso, se puede descansar. En estos descansos conviene que la persona, mediante introspección emocional, perciba y disfrute del bienestar y la satisfacción que produce haber conseguido dar un paso en el camino de completar la tarea.

D) Pero hay una norma básica: se puede avanzar tan despacio como se requiera, con pasos tan pequeños como sea necesario, pero siempre hay que terminar lo que se empieza. No se pueden dejar tareas a medio hacer.

Poniendo un ejemplo metafórico: imagínese el lector que tiene que subir un desnivel en el que hay unos escalones. Si los escalones son altos subirá con menos pasos e irá más rápido, pero le costará mucho más esfuerzo que si los escalones son pequeños y más numerosos. En el tratamiento de las depresiones hay que enseñar a la persona afectada a que divida las tareas de la vida cotidiana en escalones muy pequeños. Subir un peldaño muy pequeño puede dar la sensación de que apenas avanza en la tarea, pero lo que se consigue en realidad es mucho: se consigue evitar la pasividad. Se consigue poner una pequeña cuña en la gran y dura roca de los bloqueos cognitivo-emocionales. A base de pequeños y precisos golpes, la persona puede ir rompiendo los bloqueos, si tiene suficiente perseverancia. Ponerse objetivos pequeños, escalones pequeños, para lograr un objetivo mayor tiene así un doble beneficio: por un lado despierta emociones positivas cuando se consigue superar con éxito cada pequeño paso de la tarea. Por otro lado estimula de forma repetida el motor neuropsicológico de "arranque y puesta en marcha", que depende en gran medida de las áreas prefrontales del cerebro y de sus funciones ejecutivas. Además, permite ir descansando y recuperando fuerzas psíquicas para coger nuevos impulsos.

Afortunadamente, el tener que afrontar dificultades en la vida no implica necesariamente caer en un estado depresivo. Como he dicho al inicio del capítulo, hay personas que saben hacer de las dificultades un desafío que se debe afrontar. Son las personas más resilientes. Aquí tenemos, pues, otro buen indicador de cómo podemos aumentar el bienestar en la vida: hay que fijarse en las personas que nos rodean y detectar cuáles son resilientes. Familiares, amigos, compañeros de trabajo, conocidos o simplemente personas de nuestra ciudad que destacan públicamente: ¿Cómo se comportan ante una dificultad? ¿Cómo lo hacen cuando tienen que afrontar problemas? Es bueno estar atento y saber detectar estas personas positivas para aprender de ellas.

8. "Piensa bien y acertarás"

Hay una frase popular que dice: "Piensa mal y acertarás". En mi opinión esta frase no es cierta. Debería decir: "Piensa bien y acertarás". Quizás en la sociedad actual, más anónima y distante que la de nuestros antepasados, el ir por la vida requiere cierta precaución. Pero nuestra forma de pensar determina el camino que elegimos para ir por la vida. Si pensamos bien, aunque nos llevemos a veces algunos reveses, iremos encaminando una vida en positivo. Por el contrario, si nos habituamos a pensar mal, tanto de nosotros mismos como de las personas que nos rodean, acabaremos sufriendo una vida de desapego, incomprensión e infelicidad.

Andrés (no es el nombre real) era un chico introvertido que vino a mi consulta hace unos años. En la entrevista se mostró abordable, lúcido, coherente, pero también con un habla monótona y lenta, con una expresividad muy reducida y cierta amímia. Su cuadro clínico era de apatía, anhedonia (dificultad para experimentar placer), aplanamiento afectivo, distanciamiento y evitación de las relaciones interpersonales, aislamiento social e inhibición psicomotora. Tenía diagnosticado un *trastorno esquizoide de la personalidad*, que es un patrón general de distanciamiento de las relaciones sociales y de restricción de la expresión emocional que empieza en el inicio de la edad adulta. Lo que caracteriza a este trastorno de la personalidad es que la persona no desea ni disfruta de las relaciones con otras personas. Suele tener una vida solitaria, no tiene actividades que le reporten satisfacción y casi no tiene amigos íntimos o de confianza. Es indiferente a las alabanzas y las críticas, muestra frialdad emocional y tiene una afectividad aplanada. Propuse a Andrés iniciar un tratamiento que potenciara y estimulara las vivencias positivas. Para una persona a quien se le ha diagnosticado un trastorno esquizoide de la personalidad la psicología positiva es una buena terapia rehabilitadora y preventiva de males mayores. Había que mejorar su motivación, el interés por hacer cosas y la organización de su vida cotidiana, tanto respecto a las actividades lúdicas como las actividades profesionales. También era necesario que aprendiera a tener un enfoque más realista de los proyectos vitales. Iniciamos un tratamiento de una sesión por semana. Después de las primeras semanas ya se había hecho patente su muy baja autoestima, situación que le hacía tener frecuentes errores interpretativos debido a la falta de comunicación con familiares, amigos y compañeros de trabajo. Cuando se está con una muy baja autoestima todo se interpreta negativamente (el dicho popular ya dice que todo depende del cristal con que se mira). Pero lo que era loable de Andrés era su decidida determinación para salir del laberinto mental e interpersonal en que se encontraba. Me di cuenta de que lo que a Andrés le faltaba no era motivación, sino un marco de referencia que le orientara, que le indicara el camino a seguir, que le ayudara a identificar las emociones, vivencias y conductas psicológicamente sanas.

Lo primero que hubo que hacer fue enseñarle a pensar bien de él mismo. Había que aumentar su autoestima (2) y que aprendiera a reinterpretar de forma positiva las cosas que le pasaban a la vida, especialmente en sus relaciones con otras personas, ya fuera con su pareja, en el entorno familiar, con los amigos o con los compañeros de trabajo. La autoestima es el factor emocional primario que da estabilidad, solidez y resiliencia a la personalidad, pero probablemente no hay un camino directo para incrementarla. Es un concepto sutil que escapa a la modelación directa. El camino efectivo para potenciar la autoestima, y con ella la inteligencia emocional, es indirecto: hay que conseguir que la persona se responsabilice de la propia vida, sea proactiva, encuentre un sentido a la vida, potencie las decisiones y ejercite las correspondientes acciones conforme a vivencias y principios psicológicamente sanos. Así pues, para conseguir incrementar la autoestima de Andrés empecé por proponerle que organizara su vida cotidiana, a fin de evitar la pasividad que le bloqueaba y que le impedía progresar. Le aconsejé llevar una agenda semanal. La mejor forma de organizar la vida es con una base semanal, tal como recomienda Stephen R. Covey en su libro *Los 7 hábitos de la gente altamente efectiva* (2009), donde dice que organizar la vida semanalmente da un mayor equilibrio. Una vez se tienen en mente los objetivos, hay que programar el tiempo necesario para conseguirlos en este intervalo semanal. Además, llevar una agenda e ir marcando las tareas realizadas actúa como un refuerzo positivo.

Expliqué a Andrés como debía llevar la agenda semanal y que había que hacer. Cada vez que se termina una tarea, por pequeña y simple que sea, conviene hacer una marca (un visto bueno, por ejemplo) en la agenda; esto produce una satisfacción que motiva a realizar y terminar las tareas. Le hice notar, sin embargo, que había una norma básica: no se pueden dejar trabajos a medias. Todo lo que se empieza se tiene que acabar. El segundo objetivo fue que Andrés actuara proactivamente, a la manera que he explicado en el capítulo 6. Esto requirió tiempo, pero también se consiguió. A partir de aquí Andrés entró en una dinámica positiva que le llevó a superar el negativismo y los bloqueos que sufría inicialmente. Los progresos fueron notables: aumentó su optimismo, veía las situaciones de la vida desde una óptica más alegre, desaparecieron los bloqueos en el lenguaje (antes tenía la tendencia a responder con monosílabos), volvió a reír y a sonreír. En la terapia, y en la vida en general, el primer punto de apoyo de que dispone un paciente para lograr construir un marco de referencia que le oriente, es el equipo terapéutico (psiquiatra, psicólogo, asistente social). También el entorno familiar y social (la familia y los amigos) son un punto de apoyo importante si están dispuestos a implicarse en la psicoterapia. Pero el apoyo más importante de que dispone la persona es su propia determinación y su implicación para ir adelante en la vida. Es la capacidad de resiliencia que puede aprender a potenciar si así lo decide. Con Andrés fue decisivo la resiliencia que demostró tener. Gracias a sus esfuerzos y con la guía y el apoyo de este tratamiento de psicología positiva, Andrés consiguió aumentar su autoestima y habituarse a pensar bien de él mismo.

Después de potenciar su autoestima hubo que enseñarle a pensar bien de los demás. El camino ya estaba abierto gracias a la mayor autoestima de Andrés, pero para superar definitivamente las desconfianzas hacia los demás era necesario también aumentar la empatía. La empatía es una habilidad psicológica que nos permite comprender los puntos de vista de nuestro interlocutor, sus vivencias, sus sentimientos y emociones y sus convicciones. Además, tener empatía nos permite vernos a nosotros mismos desde fuera, desde un punto de vista más neutral, o al menos, no tan distorsionado por nuestro propio estado de ánimo. El incremento de la empatía de Andrés se consiguió practicando al mismo tiempo la asertividad. Son dos conceptos que, como he apuntado en el capítulo 2, están en la práctica bastante relacionados.

Para disfrutar de más bienestar hay que ir con más tranquilidad por la vida, hay que ir sin las urgencias de la vida moderna. Desde este punto de vista, el psicoterapeuta actúa como un *coach*. El primer paso para potenciar la asertividad de Andrés fue enseñarle a observar con tranquilidad su entorno social, en cualquier situación de la vida cotidiana: observando la gente en la calle, en la compra, a las reuniones familiares, en el trabajo, etc. Entregué a Andrés documentación escrita, de manera resumida, sobre lo que más caracteriza a las personas asertivas. Era necesario que Andrés, en sus observaciones de las situaciones sociales, detectara las personas que demuestran tener asertividad y se fijara en cómo se comporta la gente asertiva (Castanyer 1996):

— **La mirada**. Las personas asertivas acostumbran a mirar más a la otra persona mientras hablan, al contrario de lo que hacen las personas menos asertivas.
— **La expresión facial**. La expresividad que mostramos en la cara refleja el estado de ánimo y de comportamiento que tenemos. Por ejemplo, la cara es capaz de expresar emociones de alegría, miedo, sorpresa, contrariedad, etc. Además de mostrar el estado de ánimo, la expresión facial proporciona información sobre si se está entendiendo el mensaje y si se está de acuerdo, en desacuerdo, etc. Lo más característico de una persona con una sana asertividad es que adopta una expresión facial que es coherente con lo que

piensa interiormente y con lo que está tratando de decir. Es decir, su estado mental interno y su expresividad no son contradictorios. En cambio las personas con una baja asertividad a menudo muestran una incoherencia en esta situación.

— **La postura del cuerpo**. La posición del cuerpo al estar de pie, sentado, al caminar, etc. delata nuestro grado de asertividad. Las personas asertivas suelen adoptar una postura cercana y erecta, de tal forma que pueden mirar de frente a la persona con quien conversan. Esta postura de acercamiento y posición erecta demuestra atención, seguridad, firmeza, etc.

— **Los gestos**. La gesticulación tiene un alto componente cultural, pero de cualquier manera los gestos que demuestran asertividad son efectuados con movimientos desinhibidos que reflejan franqueza, espontaneidad y seguridad.

— **Los componentes paralingüísticos**. Se refieren a como se transmite el mensaje verbal. Son el volumen y tono de la voz, la fluidez, claridad y velocidad del habla, etc. Las personas asertivas acostumbran a hablar con claridad y sin vacilación, y mantienen un volumen de voz en consonancia del mensaje que están comunicando.

— **Los componentes verbales en el proceso de comunicar**. Una persona asertiva sabe medir la duración óptima del discurso, mantiene un constante feedback o retroalimentación cuando necesita más información por parte del interlocutor, y sabe hacer preguntas adecuadas para guiar la conversación eficientemente.

Mediante la observación del entorno social y una adecuada psicoterapia práctica (Jakubowski y Lange 1978) se logró que Andrés fuera una persona más asertiva, mejorando su capacidad para establecer relaciones interpersonales sanas y aumentando así, de manera indirecta pero efectiva, su bienestar. La psicoterapia con Andrés continuó algún tiempo más, pero conseguir pensar bien de sí mismo y pensar bien de los demás fue, sin duda, un factor determinante que le ayudó a afrontar sus problemas.

La vida es un continuo de situaciones en las que podemos decidir y determinar nuestro futuro. En cada situación, por insignificante que parezca, podemos elegir entre pensar bien o pensar mal. Ser comprensivos o ser intransigentes. Mostrar empatía o mostrar una severidad excesiva. Demostrar afecto o demostrar una distante frialdad. Mi consejo: haga un esfuerzo para pensar bien, si quiere con prudencia y sentido de la realidad. Por cada paso que dé pensando bien incrementará un poco su bienestar y felicidad, imperceptiblemente día a día, pero de forma notable con el paso de los años.

9. Honestidad (con uno mismo y con los demás)

La honestidad es la cualidad humana que lleva a ser coherente entre lo que se piensa y lo que se dice o hace, con un profundo sentido de la justicia. La persona honesta se comporta de forma transparente y sincera, diciendo siempre la verdad si la situación es adecuada. Es honrada porque no coge nada que no le pertenezca, cumple sus promesas y asume sus responsabilidades sin trampas ni engaños. Todo lo contrario de ser honesto es ser cínico, que tal como lo define el diccionario es tener descaro en mentir.

El primer capítulo de este libro trata sobre la amistad, porque tener un círculo de amigos es una de las mejores maneras de disfrutar de bienestar. Ahora bien, tener amigos y ser honesto con ellos son dos cosas que van ligadas. La deshonestidad es uno de los caminos más rápidos para perder amigos. Igualmente importante es ser honesto con los familiares, si es que realmente les apreciamos. En general, las personas honestas, con su conducta recta, procuran el bien de los demás. Pero al hablar sobre la honestidad debemos valorar el grado de crítica que conlleva a veces. Un exceso de crítica puede crear agresividad y malentendidos, y una persona verdaderamente honesta debe saber valorar esto y tratar de evitarlo. La falsa honestidad produce tensión y una crítica desmedida. La verdadera honestidad, en cambio, va de la mano de la convivencia. Las personas realmente honestas saben relacionarse con los demás y suelen tener un buen nivel de autoestima, empatía y asertividad. Se podría decir que todas estas virtudes humanas van juntas.

Tan importante como la honestidad hacia los demás es la honestidad con uno mismo. La honestidad evita los sentimientos de culpa irracionales y desmesurados que socavan el bienestar. Si somos deshonestos, ya sea con las personas que nos rodean o con nosotros mismos, es fácil caer después en un sentimiento de culpa y en un cúmulo de lamentaciones.

Ahora bien, debemos decir en primer lugar que la culpa en sí misma es algo natural en el ser humano y tiene la función positiva de ayudar a gobernar nuestros impulsos y de facilitar la estructuración social. Para comprender mejor la culpa hay que distinguir entre culpa normal y culpa irracional, y conviene también conocer su origen. La culpa es un sentimiento, una emoción cognitivizada basada en una emoción más básica: la vergüenza. En el niño la vergüenza surge a los 1 o 1.5 años de edad, mientras que la culpa lo hace a los 3 o 4 años. La culpa participa en la construcción del Yo en el sujeto. Los antropólogos afirman que todas las culturas de la humanidad, en mayor o menor medida, promueven el sentimiento de culpa. En general, podemos diferenciar entre las culturas centradas en la culpa interna (las culturas occidentales) y las culturas centradas en la vergüenza o deshonra social (las culturas orientales). En occidente la conducta social se regula mediante castigos intrínsecos, aquellos que son internos y personales, es decir, a través de la propia consciencia. En cambio, en oriente se prefieren los castigos externos basados en la vergüenza. El problema está cuando la culpa no es consecuencia de un acto concreto y determinado, sino que carece de un fundamento real. En estos casos el sentimiento de culpa irracional que emerge es un factor desestabilizador e invalidante, producto de interpretaciones subjetivas. Su efecto sobre la autoestima y el bienestar es demoledor. La culpa irracional subvierte la autoestima positiva. ¿Cuantas personas se sienten deprimidas y desdichadas por creer haber hecho algo incorrecto cuando en muchos casos son víctimas de un exceso de severidad consigo mismas? ¿Cuantas personas se sienten bloqueadas sin saber como progresar en la vida debido a los sentimientos de culpa?

El proceso *falta de honestidad* → *sentimientos de culpa* es uno de los factores que más reducen el bienestar de las personas. Lo mejor, lo más humano y lo que reporta más beneficios psicológicos es ser honesto con uno mismo y con los demás, evitando los sentimientos de culpa, o cuando menos objetivizándolos. La honestidad trae la paz interior con uno mismo.

10. Trate de ser creativo, ¡es más fácil de lo que parece!

La creatividad es sin duda una de las cualidades positivas más interesantes del ser humano. Se define como la capacidad de crear y producir algo nuevo. Crear es inventar posibilidades. Una persona es creativa cuando a partir de un conjunto de estímulos ve lo que otros no perciben. La creatividad en la vida de las personas nos lleva a cambiar y avanzar. De todas las capacidades humanas, la creatividad es una de las más fascinantes.

Hay fortalezas humanas que se complementan muy bien y que demuestran tener sinergias entre ellas. El sentido del humor y el optimismo están muy relacionados, cuando somos optimistas en algún momento de la vida es fácil que estemos también de buen humor. A veces parece que estas dos fortalezas sean las dos caras de una misma moneda. Pero por la fuerza de empuje que tienen el optimismo y el sentido del humor, estas dos fortalezas humanas se complementan muy bien con la creatividad, lo que no es obvio pero sí es cierto y que bien vale la pena tratar de utilizar para mejorar nuestro bienestar.

Rob Eastaway (2009) dice que la creatividad está relacionada con el efecto sorpresa y a veces con la risa. Efectivamente, la creatividad a menudo conlleva el disfrute de una experiencia inicialmente de sorpresa que puede provocar una risa. Una solución creativa a un problema suele empezar con un ¡AH! (sorpresa), le sigue un ¡AJÁ! (satisfacción) y termina con un ¡JA JA! (risa). Y es que además de permitir disfrutar de un efecto sorpresa, la creatividad produce una sensación de orgullo por haber creado algo bello o haber resuelto un problema de forma imprevisible. En definitiva, produce bienestar.

Sobre la creatividad hay varios malentendidos, hay algunas creencias populares que no son ciertas en absoluto. Por ejemplo, como bien dice la psicólogo Maria Luisa Vecina (2006), la creatividad no es algo restringido a unos cuantos artistas privilegiados, sino que es una capacidad accesible a cualquier persona y que se da en las situaciones de la vida cotidiana. Es creativo hacer una combinación atrevida de elementos en el vestuario, en la cocina, en la decoración del hogar, en la planificación del trabajo, etc. Otro malentendido es creer que la creatividad es propia de personajes históricos con una vida melancólica, a veces incluso depresiva, como fue el caso de Virginia Woolf o Vincent Van Gogh. Pero estudios científicos han comprobado que es todo lo contrario, son las emociones positivas las que favorecen el afloramiento de la creatividad.

Las personas creativas tienen unos rasgos distintivos en su personalidad, que se basan en los siguientes puntos:
— Son capaces de generar muchas ideas.
— Tienen la habilidad para detectar qué ideas pueden funcionar y cuáles no.
— No menosprecian las ideas de otras personas, en lugar de esto saben aprovecharlas.
— Van puliendo sus ideas hasta que, al aplicarlas en la práctica, funcionan a la perfección.
— Por principio lo cuestionan todo, para así tener la oportunidad y la perspectiva de valorar lo que puede ser cambiado.

— Saben enfocar un problema desde un ángulo diferente al habitual en la sociedad.

— Tienen un profundo deseo de crear cosas nuevas.

— Saben ver relaciones y vínculos entre cosas que en apariencia no los tienen y parecen distantes.

En todo caso es importante tener en cuenta que el pensamiento creativo no solo tiene relación con la capacidad de formación de ideas nuevas, sino que es también una actitud. Una persona que quiera ser creativa sabe salir de su *zona de confort* para adentrarse en la *zona de crecimiento personal*. No tiene reparos para indagar en terreno desconocido. Así que todas las personas podemos tomar la actitud de intentar ser más creativas y afrontar positivamente los cambios. Todos podemos poner un poco de esfuerzo para aprender a ser más creativos. Un buen libro que nos puede ayudar a ir por este camino es el de Rob Eastaway: *Pensamiento creativo. 101 ideas para desarrollar el ingenio*. Es realmente bueno.

La creatividad es verdaderamente un motor de cambio y de progreso. Es por ello que debemos aprovechar los momentos de optimismo y buen humor para poner en práctica la creatividad. Tratar de hacer cosas creativas precisamente en los buenos momentos de la vida es facilitar las sinergias existentes entre la creatividad, el optimismo y el sentido del humor. Algo que nos puede permitir recargar las "baterías" y afrontar con energía y mayores probabilidades de éxito los desafíos de la vida.

11. Los beneficios para la salud que da el escribir

En la universidad aprendí a subrayar libros con lápiz, lo cual tiene un efecto psicológico positivo, incluso de utilidad terapéutica, porque implica tomar decisiones (es decir, decidir qué frases subrayar) y hacer un esfuerzo cognitivo de síntesis y de comprensión (3). Además, subrayar los libros que se leen, si son de tipo formativo, tiene la ventaja de que más adelante (unas semanas o meses después, o incluso unos años después) se puede volver a coger el libro para releerlo, consultando directamente aquel contenido más relevante que hemos subrayado con anterioridad. Leer y subrayar frases de un libro o escribir notas en los márgenes es un buen ejercicio que permite relacionar la lectura con la acción, y esto es bastante importante, porque actuar, moverse y evitar la pasividad es fundamental para el reencuentro con el bienestar que describo en este libro. La autoestima, la asertividad, la empatía, el optimismo, la creatividad, la risa y otras fortalezas humanas conllevan emociones positivas que refuerzan la estabilidad emotivo-cognitiva que todos tenemos de forma natural. Tengo la profunda convicción de que la lectura y la escritura son una forma sutil pero muy efectiva de potenciar estas facetas positivas de la personalidad. De hecho, los procesos cognitivos de leer y escribir son de por sí una actividad cognitiva altamente integradora.

Los beneficios cognitivos de la lectura son de sobra conocidos, tanto por pedagogos como por psicoterapeutas. Los beneficios de la escritura son tan o más importantes que los beneficios que reporta la lectura, que ya son muchos. A cualquier persona que se encuentre en un momento difícil en la vida, o que padezca una enfermedad crónica, le conviene escribir. No hace falta escribir grandes y largas obras, basta con llevar un diario donde escribir las vivencias, ideas y sensaciones de cada día. También va bien escribir breves artículos, opiniones, o incluso poemas. Cualquier tipo de escrito es útil, no hace falta que sea una obra literaria. Un libro muy interesante sobre los efectos terapéuticos de la escritura es *The writing cure: How expressive writing promotes health and emotional well-being*, ["La curación por la escritura: Cómo la escritura expresiva promueve la salud y el bienestar emocional"] de Stephen J. Lepore y Joshua M. Smyth [Eds.]. Estos autores citan estudios científicos controlados que indican que escribir sobre experiencias estresantes puede conferir beneficios a la salud, tanto física como psicológica. Para aquellas personas que sufren un estado de crisis o elevados niveles de angustia a causa de una enfermedad, centrarse en los aspectos positivos del factor estresante mediante la escritura puede ser muy beneficioso. La escritura expresiva facilita la auto-regulación, lo que a su vez incrementa la salud física y psicológica. Modula la actividad de los sistemas fisiológico, emocional y cognitivo (Lepore, Greenberg, Bruno y Smyth 2002; King 2002).

La escritura expresiva se basa en el marcado poder terapéutico que tiene el hecho de trasladar las experiencias emocionales al lenguaje. Para que este procesamiento emocional sea efectivo hay que dar a la persona la libertad para invocar sus sentimientos cuando esté escribiendo sobre un tema emocional. De esta manera, la persona que escribe ha de poder explorar todas sus emociones, tanto las positivas como las negativas (Pennebaker 2002). La escritura tiene que ser fomentada de una manera privada, personal, libre de críticas por posibles faltas gramaticales o incorrecciones sintácticas. La persona que escribe tiene que sentirse desinhibida, porque sus escritos son para que los lea ella misma y el terapeuta, no necesariamente van dirigidos a ninguna audiencia externa (Bolton 2004). No obstante, el hacer públicos los escritos es una opción a tener en cuenta en el futuro si la persona lo cree conveniente. Hay que tener presente que escribir un blog en Internet o publicar un libro puede tener una gran fuerza motivadora que impulse a la persona a la acción.

12. Encontrarle un sentido a la vida

El ser humano es el único ser vivo que tiene un sentido trascendente de su existencia. Esto se refleja en la filosofía, las religiones, el recuerdo de los difuntos, el legado de la historia, etc. En la actualidad, sin embargo, la gran competitividad que impone la sociedad moderna, sobre todo en el trabajo y en la suficiencia económica, puede llegar a ser devastadora y dejar un vacío en el sentido trascendente propio del ser humano. Además, en este contexto socioeconómico, el no tener definido un sentido de la vida puede suponer para una persona un desarraigo existencial que puede acabar en aislamiento y marginación social. Para tratar psicológicamente estos tipos de alteraciones existenciales se han propuesto varios enfoques terapéuticos, el más destacable y conocido de los cuales es el de Viktor Frankl (2004). Este autor fue un psiquiatra que sobrevivió al internamiento en los crueles campos de concentración nazis en la segunda guerra mundial. Desarrolló una teoría y una psicoterapia que denominó *logoterapia*. En esencia, Viktor Frankl dice que el hombre se le puede arrebatar todo salvo una cosa: la última de las libertades humanas, la capacidad de elegir la actitud personal que puede adoptar para decidir su propio camino en la vida. Cada persona, a pesar de estar inmersa en unas condiciones trágicas, mantiene la libertad interior para decidir quién quiere ser, espiritual y mentalmente. Incluso en las más adversas circunstancias es capaz de conservar la dignidad de seguir sintiéndose un ser humano. Precisamente son las circunstancias excepcionalmente difíciles o adversas las que dan al hombre la oportunidad de crecer espiritualmente, por lo que cada persona puede convertir una experiencia devastadora en una victoria, transformando su vida en un triunfo interior. Lo contrario sería ignorar el reto y limitarse a vegetar, sin encontrar un sentido a su vida.

En una persona que sufre un problema de desarraigo social cualquier intento por restablecer su fortaleza interior bajo las dramáticas condiciones de su vida debe comenzar por acertar en ayudarle a descubrir una meta futura, un objetivo concreto que le dé sentido a la vida. Lo que en verdad se requiere es un cambio radical en la actitud que se tiene ante la vida. Viktor Frankl dice que "en última instancia, vivir significa asumir la responsabilidad de encontrar la respuesta correcta a las cuestiones que la existencia nos plantea". Cuando se acepta que cada persona es un ser irrepetible, insustituible, entonces surge en toda su trascendencia la responsabilidad que el hombre asume ante el sentido de su existencia. La logoterapia entiende que su cometido es ayudar a los pacientes a encontrar el sentido de su vida. En definitiva, la *vida con significado* consiste en usar las propias fortalezas personales para servir a algo más grande e importante que uno mismo. Esto se puede hacer a través de instituciones sociales, culturales o religiosas, de asociaciones deportivas y asociaciones de beneficencia, y en general, a través de cualquier tipo de actividad social que promueva la solidaridad.

El bienestar en la vida no se puede entender sin este componente existencial. Una faceta de la vida que se puede situar en lo más alto de la pirámide de necesidades básicas que describió Abraham Maslow en el siglo pasado, en el nivel de la autorrealización.

13. Francamente, la salud y el bienestar físico también son importantes

Cuando a las personas nos preguntan por nuestro bienestar es muy frecuente que nos fijemos primero en nuestra salud física. Es cierto que disfrutar de una razonable salud física, más allá de enfermedades esporádicas como la gripe, condiciona en gran manera nuestra percepción de bienestar, lo que a la vez (pero no siempre) influye en la valoración que hacemos del grado de felicidad que tenemos. En realidad, el bienestar físico no lo echamos de menos hasta que sufrimos dolores o una enfermedad, siendo precisamente las enfermedades crónicas las que nos recuerdan a menudo que algo no va bien y nos pueden llegar a sumergir en un mar de lamentaciones. En estos casos confiamos en la medicina, en espera de algún tratamiento o alguna nueva medicación que nos devuelva la salud y resuelva el estado de malestar. Pero aunque así sea, superar el malestar no comporta automáticamente conseguir el bienestar. Reducir el malestar e incrementar el bienestar son dos metas no necesariamente convergentes. Es decir, superar el malestar no garantiza conseguir el bienestar. Es cierto que la medicina y la psicología clásica se han dedicado preferentemente a tratar de reducir el malestar y devolver la salud a los pacientes, pero no es menos cierto que una vez conseguido este objetivo nos podemos encontrar que la persona tratada no disfruta de su vida y que aún sigue alejada del bienestar. Por este motivo, a finales del siglo XX ya principios del siglo XXI surgió dentro de la psicología un nuevo enfoque que no estaba centrado en las patologías y los trastornos mentales, sino que buscaba fomentar todo lo relacionado con la salud y el bienestar. El objetivo era y es tratar de mejorar la calidad de vida y el bienestar de las personas, estudiando de forma científica las cualidades, actitudes, emociones y virtudes del ser humano. Este nuevo enfoque se llamó psicología positiva. Aunque ya había habido algunos antecedentes históricos, como la psicología humanista de los años 60, lo más innovador de esta nueva corriente psicológica fue que se empezaron a estudiar científicamente el optimismo, la creatividad, el sentido del humor, la risa, la resiliencia, la inteligencia emocional y en general todas las virtudes, llamadas fortalezas humanas, que nos ayudan a disfrutar de mayor bienestar en la vida y que nos capacitan para superar las dificultades. Este libro precisamente está encuadrado dentro de la psicología positiva, como decía en el prólogo. Ahora bien, una vez recuperadas la salud física y el bienestar psicológico, nos encontramos con que la felicidad también está condicionada por la satisfacción (subjetiva) que tenemos con nuestro cuerpo. Esto se debe a que la satisfacción subjetiva con el propio cuerpo afecta directamente a la autoestima e indirectamente a otros estados psicológicos fundamentales en la vida, tanto a nivel individual como a nivel social (4). Sentirnos a gusto con nuestro cuerpo aporta alegría y sensibilidad en las relaciones interpersonales y sociales que podamos tener, y todo esto es básico para disfrutar la felicidad, tal como he explicado en el capítulo primero, el que trata sobre la amistad. Hay pues una interacción entre el bienestar físico y el bienestar psicológico. Si en los capítulos previos del libro me he referido a lo que hay que hacer para conseguir el bienestar psicológico, en este último capítulo expondré los consejos básicos a considerar para el cuidado del cuerpo, tener salud y lograr el bienestar físico, y lo haré de la mano del excelente libro *La ciencia de la salud*, del Dr. Valentín Fuster (2009).

Valentín Fuster es un médico especializado en cardiología. Se licenció en la Universidad de Barcelona y completó su especialización en cardiología en el Hospital Clínico de Barcelona. Más tarde se trasladó a los Estados Unidos donde ha ejercido su profesión en las clínicas más prestigiosas. Es autor de un gran número de trabajos científicos y divulgativos y ha recibido varios galardones, entre los que destacan el premio del Colegio Americano de Cardiología en 1993 y el Premio Príncipe de Asturias en 1996.

En su libro *La ciencia de la salud* Valentín Fuster da consejos muy sensatos para disfrutar de una vida sana. Dice que es muy importante la prevención y que nunca es demasiado tarde para empezar a hacer bondad en el cuidado del cuerpo. Habla de los tópicos de la salud de una manera muy sencilla y divulgativa, como por ejemplo al referirse a la importancia de mantener un peso óptimo y evitar la obesidad. También dice cómo se debe perder peso para no volverlo a ganar (hay que ir poco a poco) y remarca la recomendación de hacer actividad física diariamente y evitar el sedentarismo (¡se debe caminar a menudo!). En su libro dedica varios capítulos a los factores que nos pueden hacer perder la salud si no los controlamos: la hipertensión arterial, el colesterol, el estrés, el consumo de tabaco y de alcohol, etc. También hay capítulos dedicados a cómo debe ser una alimentación equilibrada, tanto en vitaminas y minerales, como en grasas, proteínas y carbohidratos. No voy a entrar a explicar en detalle el contenido del libro porque lo mejor es que la persona interesada lo lea por sí misma. Es realmente un libro muy bueno, divulgativo y de fácil lectura.

Para sentirnos a gusto con nuestro cuerpo debemos tener salud, por supuesto, pero también tenemos que seguir una vida sana, es decir, tenemos que buscar por nosotros mismos la salud. La prevención es muy importante. No podemos pretender vivir felices si descuidamos la salud física con la creencia de que cuando llegue una enfermedad la medicina será capaz de darnos una solución rápida. Es realmente lamentable la costumbre que se ha impuesto en la sociedad moderna de ir al médico pidiendo (a veces, exigiendo) una pastilla que resuelva rápidamente los dolores y el malestar que pueda estar sufriendo. Un día un médico me comentó lo siguiente: "A menudo me encuentro a mi consulta con personas que cuando les empiezo a explicar que es la enfermedad que están sufriendo y que costumbres (o malas costumbres) deben cambiar para ir recuperando la salud, se impacientan y de forma brusca, a veces impertinente, me replican: «Pero doctor, ¿cuándo me recetará unas pastillas? !! ». Estos pacientes no entienden nada de nada". Este médico era psiquiatra y se refería en concreto a un paciente que quería pastillas para superar rápidamente una depresión. El ejemplo, sin embargo, seguramente es aplicable a cualquier otra especialidad de la medicina. Hoy en día mucha gente quiere soluciones rápidas, cómodas y que no requieran demasiado esfuerzo. Pero la felicidad, para conseguirla, pide precisamente esfuerzo. Y el primer y más importante esfuerzo que hay que hacer es la prevención, es vivir de una manera sana (mejor ya desde la infancia), tanto en la vertiente física como en la vertiente psicológica.

La conclusión y la recomendación final es que si nos decidimos por tomar el camino que lleva hacia el bienestar psicológico y la felicidad, deberíamos aprovechar para hacer una evaluación de nuestras costumbres en relación a la salud física: ¿Hacemos deporte y tenemos actividad física, o por el contrario llevamos una vida sedentaria? ¿Seguimos una alimentación equilibrada, o por el contrario tenemos unos malos hábitos alimenticios (demasiadas grasas, consumo de bollería industrial, etc.) que llevan inevitablemente a la obesidad? ¿Consumimos abundante fruta y hortalizas (que aportan vitaminas y minerales), o por el contrario abusamos de los azúcares refinados? ¿Tenemos hábitos sanos, o por el contrario tenemos el hábito nocivo de consumir habitualmente tabaco y/o alcohol? Podríamos decir que en la búsqueda del bienestar va todo en un solo pack: tanto el bienestar psicológico como la salud física van juntos. Hay que cuidar las dos cosas a la vez.

14. Conclusión, resumen y un cuestionario rápido

Conseguir vivir con bienestar y felicidad es un proceso, es un camino que puede ser un poco largo. Para saber en qué punto del camino está usted ahora, le propongo que rellene este cuestionario, que de hecho es un resumen de los temas tratados en el libro. Le sugiero que marque las frases que considere oportunas, según su criterio:

☐ Tengo un círculo de amigos íntimos y de confianza.

☐ Me siento aceptado socialmente.

☐ Sé respetar a las personas y también a los animales.

☐ Río y sonrío a menudo.

☐ Soy proactivo.

☐ Me esfuerzo en afrontar los problemas activamente.

☐ Suelo pensar bien de los demás, evito las desconfianzas sistemáticas.

☐ Soy honesto conmigo mismo y con los demás.

☐ De vez en cuando hago actividades que requieren creatividad.

☐ Escribo cosas (un diario, poemas, reflexiones, resúmenes de libros, un blog en Internet, ...).

☐ He encontrado un sentido a la vida, o estoy dispuesto a encontrarlo.

☐ Me siento bien con mi cuerpo, aunque tenga algunos kilos de más (o de menos).

Si tiene nueve o más de estas actitudes y habilidades, le felicito, porque probablemente goza de bienestar y tiene suficiente éxito en la vida. Si no llega a esta puntuación no se desanime, sólo el hecho de ser consciente de que todos podemos influir en nuestra vida para buscar el bienestar y la felicidad ya es dar un gran paso adelante. En todo caso hay que esforzarse para cumplir con el mayor número de ellas, porque es uno de los caminos que a medio plazo nos puede llevar hacia un bienestar sereno y bien fundamentado, lejos de lo superficial. Si toma la decisión de avanzar por este camino le sugiero que según vaya progresando marque los puntos que consiga satisfacer.

Finalmente y como nota final, decir que las aportaciones de este libro tienen una sólida base científica desde el punto de vista de las neurociencias (5) y la psicología.

Epílogo

Este libro ha tratado de responder a preguntas como "¿Pero cómo conseguir, concretamente, vivir con mayor bienestar y felicidad?" y "¿Cuál es, de forma práctica, el camino a seguir?". Lo que es del todo seguro es que para conseguir vivir con mayor bienestar y felicidad hay que esforzarse. Nadie ha dicho que conseguir vivir con más bienestar sea fácil, no lo es, en realidad hay que dedicar un buen esfuerzo, hay que vivir activamente. Pero sin duda es un esfuerzo muy bien recompensado que vale la pena hacer.

Se han realizado investigaciones científicas para tratar de averiguar qué factores influyen en el nivel de felicidad de las personas (Lyubomirsky, Sheldon y Schkade 2005). Al parecer hay tres factores principales:

1. Los factores genéticos y las característica innatas de las personas (50%).
2. Las circunstancias vitales y los factores sociodemográficos y económicos (10%).
3. Las actividades intencionales de las personas (40%).

Aunque la felicidad está determinada en un 60% por la genética y el azar, el restante 40% la determinan las decisiones que toma la persona libremente. Una gran parte de la felicidad depende de nosotros mismos, depende de nuestras actividades intencionales, es decir, de lo que pensamos, decidimos y hacemos en el día a día. La genética predispone y el ambiente propone, pero es la persona quien decide.

Notas

(1) La corteza somatosensorial secundaria y la ínsula dorsal posterior.

(2) La autoestima, según la definición que hace el psicólogo Nathaniel Branden (2008), es la suma de la confianza y el respeto por uno mismo. Es la convicción de que uno es competente para vivir y merece la felicidad.

(3) ¡Atención! No se pueden subrayar los libros de una biblioteca pública.

(4) Aquí incluyo la asertividad, la empatía y los sentimientos y emociones derivados de la amistad.

(5) Las orientaciones que he dado en este libro tienen unos sólidos fundamentos neuropsicológicos, que no he expuesto porque no es el objetivo de esta obra. Sólo comentaré que las decisiones seguidas de las acciones, promoviendo vivencias psicológicamente sanas, consiguen poner orden en el cerebro emocional y desbloquear el sistema motivacional. La neuropsicología ha estudiado y comprobado que en la parte frontal del cerebro se encuentran las funciones ejecutivas. Las funciones ejecutivas son lo que nos permite tener una conducta efectiva en la vida diaria. Tienen cuatro componentes: volición, planificación, acción propositiva y desempeño eficiente.

Referencias bibliográficas

Adserá, A. (2020). *Terapias de psicología positiva, 2ª edición*. Tarragona: Classe Q.S.L.

Alberoni, F. (2006). *La amistad*. Barcelona: Gedisa.

Berk, L.S., Tan, S.A., Fry, W.F. (1989). Neuroendocrine and stress hormone changes during mirthful laughter. *American Journal of Medical Science*, 298: 390-396.

Bolton, G., Howlett, S., Lago, C., Wright, J.K. [Eds.] (2004). *Writing cures. An introductory handbook of writing in counselling and therapy*. New York: Routledge.

Branden, N. (1988). *Cómo mejorar su autoestima*. Barcelona: Paidós.

Castanyer, O. (1996). *La asertividad: expresión de una sana autoestima*. Bilbao: Desclée De Brouwer.

Covey, S.R. (2011). *Los 7 hábitos de la gente altamente efectiva*. Barcelona: Paidós.

Eastaway, R. (2009). *Pensamiento creativo. 101 ideas para desarrollar el ingenio*. Evergreen.

Frankl, V. (2004). *El hombre en busca de sentido*. Barcelona: Herder.

Fuster, V. (2008). *La ciencia de la salud*. Barcelona: Planeta.

Fry, W.F. (1992). The physiological effects of humor, mirth, and laughter. *Journal of the American Medical Association*, 267: 1857-1858.

Goldberg, E. (2002). *El cerebro ejecutivo*. Barcelona: Crítica.

Goleman, D. (1996). *Inteligencia emocional*. Barcelona: Kairos.

Grenville-Cleave, B., Boniwell, I., Tessina, T.B. (2009). *La ecuación de la felicidad*. Barcelona: Océano.

Jakubowski, P., Lange, A.J. (1978). *The assertive option. Your rights & responsibilities*. Champaign: Research Press.

King, L.A. (2002). Gain without pain? Expressive writing and self-regulation. En Lepore, S.J., Smyth, J.M. [Eds.] *The writing cure. How expressive writing promotes health and emotional well-being*. (pp 119-134). Washington: American Psychological Association.

Kross, E., Berman, M.G., Mischel, W., Smith, E.E., Wager, T.D. (2011). Social rejection shares somatosensory representations with physical pain. *Proceedings of the National Academy of Sciences USA,* 108(15): 6270-6275.

Lepore, S.J., Smyth, J.M. [Eds.] (2002). *The writing cure. How expressive writing promotes health and emotional well-being*. Washington: American Psychological Association.

Lepore, S.J., Greenberg, M.A., Bruno, M. & Smyth, J.M. (2002). Expresive writing and health: Self-regulation of emotion-related experience, physiology, and behavior. En Lepore, S.J., Smyth, J.M. [Eds.] *The writing cure. How expressive writing promotes health and emotional well-being*. (pp 99-117). Washington: American Psychological Association.

Llovet, J. (2010). *La amistad*. Madrid: Katz Editores.

Lyubomirsky S., Sheldon K.M., Schkade D. (2005). Pursuing happiness: The architecture of sustainable change. *Review of General Psychology*, 9, 111-131.

Mayer, J.D., Salovey, P. (1997). ¿Qué es la inteligencia emocional? En Mestre Navas, J.M. y Fernández Berrocal, P. [Coord.]. *Manual de inteligencia emocional*. (pp 25-45). Madrid: Pirámide.

Pennebaker, J.W. (2002). Writing, social processes, and psychotherapy: From past to future. En Lepore, S.J., Smyth, J.M. [Eds.]. *The writing cure. How expressive writing promotes health and emotional well-being.*(pp 281-291). Washington: American Psychological Association.
Peterson, C., Seligman, M.E.P. (1987). Explanatory style and illness. *Journal of Personality*, 55: 237-265.

Rojas, L. (2011). *Superar la adversidad*. Madrid: Espasa.

Salmurri, F. (2004). *Libertad emocional: estrategias para educar las emociones*. Barcelona: Paidós.

Tierno, B. (2007). *Optimismo vital. Manual completo de psicología positiva*. Madrid: Temas de Hoy.

Vázquez, C. (2006). La psicología positiva en perspectiva. *Papeles del Psicólogo*, 27(1): 1-2.

Vázquez, C., Hervás, G. [Coords.] (2009). *La ciencia del bienestar*. Madrid: Alianza Editorial.

Vecina, M.L. (2006). Creatividad. *Papeles del Psicólogo*, 27(1): 31-39.

Wortman, C.B., Silver, R.C. (1989). The myths of coping with loss. *Journal of Consulting and Clinical Psychology*, 57: 349-357.

El autor

Antonio Adserá Bertran es psicólogo. Cursó sus estudios en la Universidad de Barcelona, delegación de Tarragona (actualmente es la Universidad Rovira i Virgili).

Escribe un blog sobre psicología positiva en idioma español: blogpsicopositiva.com y otro más actual en idioma inglés, próximamente también en más idiomas: aadserablog.live

Publica podcasts en las plataformas iVoox y Spotify, próximamente también en otras plataformas.

También ha escrito el libro *Terapias de psicología positiva, 2ª edición*, y es el autor de la app *Psicología positiva fácil*.

Es miembro del COPC (Col·legi Oficial de Psicologia de Catalunya). También es miembro internacional de la APA (American Psychological Association).